ACCESO GRATUITO DURANTE UN AÑO AL eBOOK Y/O AUDIOLIBRO ADQUIRIDOS A TRAVÉS DE AMAZON

Si ha adquirido este libro a través de **Amazon**, puede solicitar acceso gratuito a su versión digital durante **un año de forma gratuita**. Siga estos pasos:

¿Cómo solicitarlo?

1. Envíe un **correo electrónico a info@colex.es** con el asunto: **«Solicitud de eBook - [Título del libro]»**.
2. **Adjunte la factura de compra** de Amazon como comprobante.
3. Indique en el cuerpo del correo:
   - Su **nombre completo.**
   - Su **dirección de correo electrónico.**
     (para activar su cuenta en **www.colex.es**, si aún no está registrada).
4. **Una vez verificada la compra, recibirá un código de activación** para canjear en **www.colex.es**

✓ Una vez se valide el código, aparecerá una ventana de confirmación y su eBook y/o audiolibro estará disponible **durante 1 año desde su activación** en la pestaña «Mis libros» en el menú de usuario.

— Para más información y acceso a su código, visite: www.colex.es —

* Los audiolibros están disponibles en las ediciones más recientes de nuestras obras. Se excluyen expresamente las colecciones «Códigos comentados», «Biblioteca digital» y los productos de www.vademecumlegal.es.

No se admitirá la devolución si el código promocional ha sido manipulado y/o utilizado.

COMUNICAR O POLITIZAR LA UNIÓN EUROPEA

Del consenso inicial a la polarización de la Europa Geopolítica

COMUNICAR O POLITIZAR LA UNIÓN EUROPEA

Del consenso inicial a la polarización de la Europa Geopolítica

Miguel Ángel Benedicto Solsona

Cofinanciado por la Unión Europea

COLEX 2025

El proyecto «Europa como poder Global» 101085809 - ERASMUS-JMO-2022-MODULE está cofinanciado por la Unión Europea. Las opiniones y puntos de vista expresados este libro sólo comprometen al autor y no reflejan necesariamente los de la Unión Europea.

© Editorial Colex, S.L.
Calle Costa Rica, número 5, 3.º B (local comercial)
A Coruña, 15004, A Coruña (Galicia)
info@colex.es
www.colex.es

I.S.B.N.: 978-84-1194-876-0
Depósito legal: C 347-2025

A todos los funcionarios europeos, periodistas, profesores y políticos a los que he entrevistado para este libro y a mi familia por su paciencia.

SUMARIO

1
INTRODUCCIÓN

Introducción 13

2
INTERGUBERNAMENTALISMO VERSUS INTEGRACIÓN EUROPEA: LA POLÍTICA DE INFORMACIÓN Y COMUNICACIÓN DE LOS AÑOS 50 A FINALES DE LOS 90

2.1. Más propaganda que información 17
2.2. El primer servicio común de información 18
2.3. Formar una conciencia europea para implantar la democracia 18
2.4. Primeras elecciones europeas y descentralización de la información 19
2.5. La euforia del Acta Única Europea 22
2.6. Maastricht exige más democracia 22
2.7. Vender Europa y no tratados 23
2.8. Cambiar para que todo siga igual 24
2.9. Evolución del discurso de la Política de Información y Comunicación 25

3
COMISIÓN PRODI: NUEVOS RETOS Y FORMAS DE GOBERNANZA MÁS CERCANAS A LOS CIUDADANOS

3.1. Una nueva estrategia de comunicación para la ampliación de la UE 28
3.2. Debilidades en el enfoque de la Política de Comunicación 31

4
CONVENCIÓN CONSTITUYENTE Y ELECCIONES DE 2004

4.1. Un método revolucionario y elitista a la vez 35
4.2. Fuerte abstención en las elecciones de 2004 38

5

CONSTITUCIÓN FALLIDA TRAS EL SÍ ESPAÑOL Y LOS NOES DE FRANCIA Y HOLANDA

5.1. Perfil bajo de la Comisión durante los referenda 41
5.2. El «sí» de España a la Constitución Europea 44
5.3. Francia vota no ante la falta de liderazgo y una economía desfavorable . . . 46
5.4. Holanda dice «no» con alta participación 47
5.5. Se abre un proceso de reflexión 48

6

COMISIÓN BARROSO: ESTRATEGIA DE COMUNICACIÓN CENTRADA EN LOS CIUDADANOS

6.1. Plan de Acción para conectar con los ciudadanos 51
6.2. Plan D (democracia, diálogo y debate) 53
6.3. Libro Blanco sobre una Política Europea de Comunicación 54
6.4. Una Agenda para los ciudadanos 55

7

LISBOA: UN TRATADO BIZANTINO DESPOJADO DEL SIMBOLISMO CONSTITUCIONAL

7.1. Irlanda dice «no» al Tratado de Lisboa 57
7.2. Récord de abstención en las elecciones de 2009 58
7.3. En busca de una esfera pública europea 58

8

LA LLEGADA DE LAS REDES SOCIALES Y DE LOS ROSTROS POLÍTICOS EUROPEOS

8.1. La irrupción de las redes sociales 61
8.2. La politización de las elecciones y la figura del Spitzenkandidaten 62

9

JUNCKER VISIBILIZA LA CONTIENDA POLÍTICA

9.1. Una Comisión más política. 66
9.2. La policrisis de la UE: euro, refugiados, terrorismo, Brexit y Trump 67

10
LA UE ANTE EL DESAFÍO DE LA DESINFORMACIÓN

10.1. Desinformación, *fake news* y posverdad 69
10.2. Rusia amenaza a la UE 72
10.2.1. Ataques a Ucrania 73
10.2.2. La campaña del Brexit 73
10.2.3. Las elecciones alemanas 75
10.2.4. Referéndum y comicios en Italia 75
10.2.5. Noticias falsas contra Macron 75
10.2.6. Desinformación en Holanda 76
10.2.7. Objetivo: dañar a la democracia sueca 76
10.2.8. El referéndum en Cataluña 77
10.3. La opinión pública europea ante la desinformación 77
10.4. Un enfoque europeo para combatir la desinformación ***on line*** 78
10.5. Instrumentos de la UE contra la desinformación 79
10.5.1. Grupo de Trabajo East Stratcom 79
10.5.2. Marco común frente a las amenazas híbridas 80
10.5.3. Grupo de Expertos sobre desinformación y *fake news* 81
10.5.4. Medidas electorales para unas elecciones libres 81
10.5.5. Código de Buenas Prácticas contra la desinformación 82
10.5.6. Plan de Acción contra la Desinformación 83
10.5.7. Informe sobre el Plan de Acción contra la Desinformación 84

11
LAS ELECCIONES EUROPEAS DE 2019 Y LOS MEDIOS REGIONALES: EL CASO ESPAÑOL

Las elecciones europeas de 2019 y los medios regionales: el caso español.... 87

12
MUERE EL SPITZENKANDIDATEN, LLEGA VON DER LEYEN

Muere el Spitzenkandidaten, llega Von Der Leyen........................ 91

13
RETOS POLÍTICOS E INFORMATIVOS: DE LA PANDEMIA A LA GUERRA DE UCRANIA PASANDO POR LA COFOE

13.1. La pandemia de la Covid-19 95
13.1.1. Las medidas económicas: *NextGenerationEU* y *Team Europe* 96
13.2. La Conferencia sobre el Futuro de Europa (CoFoE): un experimento fallido 97
13.3. La UE ante la invasión rusa de Ucrania 100

14
EL DESPERTAR GEOPOLÍTICO DE EUROPA

14.1. La autonomía estratégica abierta 104
14.2. Comunicación en la UE Geopolítica: de la unidad frente a Rusia a la cacofonía en Gaza 105
14.3. Una UE kantiana para un mundo hobbesiano 107

15
DIPLOMACIA PÚBLICA PARA COMUNICAR LA UE AL EXTERIOR

15.1. Actores de la Diplomacia pública europea 110
15.2. Tipos de Diplomacia pública en la UE: cultural, económica, digital y medios de comunicación 112
15.2.1. Diplomacia cultural, deportiva y científica 112
15.2.2. Diplomacia Económica 113
15.2.3. El papel de los medios de comunicación europeos 115
15.2.4. Redes sociales y diplomacia digital 125
15.3. Desinformación en la UE geopolítica: el papel de Rusia y China 128

16
ELECCIONES DE 2024 Y LA COMISIÓN VON DER LEYEN II

16.1. Cambios en la composición del Parlamento 135
16.2. Las prioridades políticas de la Comisión Von der Leyen II 138
16.2.1. La seguridad multidimensional 138
16.2.2. La competitividad de la economía europea 139
16.2.3. El reto de la inmigración 140
16.2.4. Seguridad económica y ampliación de la UE 140

17
REFLEXIONES FINALES

Reflexiones finales 141

BIBLIOGRAFÍA

Bibliografía 151

1

INTRODUCCIÓN

El objetivo de esta monografía es analizar la evolución de la UE y sus políticas a la par que fue creciendo la comunicación en las instituciones. Una información que al principio era más divulgativa y propagandística y que, ante su escasa eficacia, la UE decidió hacer políticas útiles para los ciudadanos, lo que les acercaba más a las instituciones a través de una comunicación más política y profesional. En la actualidad y tras la irrupción de las redes sociales y los populismos, la denominada Europa Geopolítica, de la que hablaremos más adelante, enfrenta otros retos como los de la polarización, la desinformación y el de no pasar desapercibida en el exterior.

El papel que desempeña la Unión Europea (UE) en la resolución de los problemas globales o en la promoción de los derechos humanos y la paz debería ser más conocido dentro y fuera de la UE. Conocer su estructura y funcionamiento es un asunto más complejo que requiere de un espacio público europeo todavía en construcción y de una Europa más política y con mayor legitimidad popular.

A nivel interno, una de las tareas prioritarias de la Unión Europea desde su inicio ha sido la comunicación. La Política de Información y Comunicación (PIC) puede ayudar a cerrar el gap entre la ciudadanía y las instituciones, pero no es el factor que más ha influido a la hora de participar en los comicios europeos o consultas populares ni en el alejamiento o desconocimiento de las instituciones. La UE se ha enfrentado desde sus inicios a un problema político de falta de legitimidad popular, que no democrática, o de desafección ciudadana cuya solución nunca ha venido de manera sustancial a través de nuevas estrategias de comunicación.

Los múltiples cambios en la política de comunicación, muchos de ellos positivos, no resolvieron el problema del desinterés por los asuntos comunitarios; lo que se demuestra en la baja participación en las elecciones europeas celebradas desde 1979, como en los distintos referéndums que se han celebrado a nivel nacional sobre temática europea (Benedicto, 2018). Para reducir distancias entre instituciones y la población europea, la estrategia correcta no son solo reformas desde el punto de vista de la comunicación sino sobre todo de tipo político y de creación de un espacio público europeo.

Desde los años 50 el proceso de integración europea ha ido mano a mano con el proceso de crecimiento institucional de la Comunidad Europea y ambos han ido acompañados de iniciativas específicas en el campo de la comunicación. Los Padres Fundadores de la UE buscaron la solidaridad y la puesta en común de intereses, en principio, económicos para evitar nuevas guerras y frenar a los nacionalismos; a través de unos organismos técnicos que han ido creciendo paso a paso mediante un proceso progresivo de reforma y ampliación, en el que al inicio reinaba el consenso y el asentimiento, con la vista puesta en el horizonte de una Europa política. En los inicios de la aventura europea prima la reconciliación y ni se piensa en preguntar a las opiniones públicas, se cree que con el tiempo surgirá un *demos* europeo, un sentimiento común de pertenencia a una entidad superior (Mora Benavente, 1 de diciembre 2011).

Al principio solo se hablaba de política de Información y hasta mitad de los años 80 no se introduce la Política de Información y Comunicación de manera explícita, que incorpora la comunicación como un proceso de diálogo, participación y debate. La PIC de la Unión Europea llevará una evolución pareja al proceso de construcción europea, que siempre se ha debatido entre una tendencia intergubernamental y otra más integradora.

La información y comunicación en Europa ha ido evolucionando desde su creación. De la inicial falta de política de comunicación y predominio de la propaganda, se pasó a los esfuerzos de transparencia y a los intentos de crear una identidad europea. Se puso en marcha la descentralización de la información hacia los Estados miembros con las oficinas de representación. Se probaron nuevos enfoques dirigidos hacia los sentimientos y emociones más que para informar y se produjo la saturación informativa. También se utilizaron los medios audiovisuales y se «customizó» el mensaje dirigido a públicos específicos. Además, se ha luchado por conseguir la emergencia de una opinión pública europea, se ha logrado una mayor coordinación institucional y profesionalización de los funcionarios en comunicación política, además de crearse estructuras para luchar contra la desinformación dentro y fuera de una UE, ahora, geopolítica. Por último, durante estos años no se ha dejado de estimular la participación ciudadana desde las instituciones con más o menos éxito.

A nivel externo, en un mundo interdependiente, la UE tiene que demostrar la efectividad de su presencia en todas las regiones del mundo y al mismo tiempo defender sus valores democráticos, para mostrar que la Unión Europea tiene un papel que desempeñar, en los ámbitos político, económico e incluso militar. En un momento de incertidumbre por las guerras en Gaza y en Ucrania y por el aumento de las tensiones geopolíticas entre las grandes potencias, una Europa más fuerte y que hable el lenguaje del poder necesita incrementar los instrumentos a su disposición, entre ellos herramientas para luchar contra las *fake news* que provienen de terceros países y el desarrollo de una diplomacia pública que promueva los valores europeos en las opiniones públicas externas a los 27.

La Unión Europea es un reseñable actor global, pero mantiene una lucha constante para intentar lograr una imagen fuerte y coherente y encontrar su lugar en las relaciones internacionales (Cross, 2013). La UE es una potencia blanda que promociona una serie de valores, tiene un importante poder normativo y capacidad para transformar su entorno. Una de las principales fuentes del *soft power* de la UE son sus valores, como la paz o el respeto al estado de derecho, que son principios de gran importancia en la sociedad internacional y, según Laporte (2011), «sustentan el proyecto de la Unión Europea, mantienen su atracción y representan una alternativa real a visiones políticas más unilaterales o agresivas». La Unión Europea necesita destreza para articular un mensaje externo que sea a la vez comprensible y atractivo. La UE se presenta a la vez como un actor político con prestigio internacional y capacidad de influir, y como un actor atípico, que genera dinámicas diferentes a las tradicionales (Laporte, 2011).

Para Manners (2002) la UE tiene un poder normativo que fija reglas de comportamiento internacional y debe reforzarse con un programa de políticas coherentes y proactivas hacía los países que quieran compartir esos valores y ser firme frente a los que las desafíen. Además del poder normativo, la UE tiene un poder transformador de su entorno, que le ha reportado éxitos como la ampliación al Centro y Este de Europa. Ese liderazgo le permite generar interés por compartir los mismos valores e integrar a países en su área de influencia a través de las políticas de Ampliación y de Vecindad. Macedonia o Ucrania son algunos de los últimos países considerados como candidatos a entrar en la UE, y a los que para adherirse se exige el cumplimiento de requisitos políticos, económicos y legales.

Vamos a analizar cómo, a nivel interno, se intenta cerrar el gap entre las instituciones y la ciudadanía y, a nivel externo, se aspira a hablar con una voz común y a convertirse en un verdadero actor global, mientras continua la lucha entre la visión intergubernamental y la federalista de Europa, en un momento de polarización e incertidumbre.

2

INTERGUBERNAMENTALISMO VERSUS INTEGRACIÓN EUROPEA: LA POLÍTICA DE INFORMACIÓN Y COMUNICACIÓN DE LOS AÑOS 50 A FINALES DE LOS 90

2.1. Más propaganda que información

En los años 50 la Comunidad del Carbón y del Acero (CECA) se debatía entre los que buscaban una mayor integración y lo que intentaban controlar el proceso de crecimiento y reforma a través de lo intergubernamental; un debate que tendrá sus consecuencias en el ámbito informativo, sobre todo, en la falta de una política activa de comunicación desde las instituciones comunitarias, en una época en la que la propaganda prevalece sobre la Información.

Al principio se pretende informar a los corresponsales de los medios en Bruselas para dar a conocer la existencia, objetivos, significación y resultados de la CECA. En 1955 se presentó un informe en la Asamblea de la CECA que tenía dos objetivos: controlar la acción de la Alta Autoridad en materia de información y examinar como los trabajos de la Asamblea encontrarían mejor eco en la opinión pública (RABIER, 1993).

Siguiendo a Fernando CARBAJO (1997) puede decirse que el ideal de una Europa unida, pacífica, democrática, próspera e influyente parece que despierta un amplio consenso en la mayor parte de los medios de comunicación de los países comunitarios; pero no son conscientes de que son un componente esencial de la construcción europea.

2.2. El primer servicio común de información

Tras la aprobación del Tratado de Roma en 1957, aparecen dos nuevas comunidades, el Euratom y la Comunidad Económica Europea, y cambia la estructura informativa, al pasar de uno a tres portavoces, uno por Comunidad. Será en 1960 cuando surja el primer servicio común de información, impulsado por la Asamblea Europea, cuyo servicio de información debería permitir a las instituciones «expresarse con una sola voz» y asegurar la formación y el desarrollo de un clima favorable en la opinión y una verdadera educación del público recurriendo a todos los medios modernos de expresión (DE SELYS, 1996).

Aunque la política informativa de la Comunidad Europea desde sus inicios tiene como objetivo, tal y como indica el primer informe SCHUIJT (1960), la «formación de una opinión pública europea independiente»; no dejará de estar impregnada de propaganda. La información no debe limitarse a dar a conocer las decisiones de la Comunidad y su legislación, sino como indica SCHUIJT (1960) a favorecer el nacimiento «de una nueva conciencia, de un nuevo modelo de conducta y pensamiento tanto frente a los problemas internos como a los del resto del mundo», además de evitar el conflicto entre los intereses de la Comunidad y los de sus Estados miembros.

En los años 60 aparecieron las primeras crisis de la construcción europea cuando Francia vetó la ampliación hacia el Reino Unido y el General De Gaulle intentó con la crisis de la silla vacía de 1965 frenar el desarrollo supranacional en favor de la intergubernamentabilidad. Durante esta crisis también se resintió el Servicio común de Prensa e Información que se quiso controlar de manera más férrea y limitar su presupuesto.

Durante esos años se subrayó la preocupación por la ausencia de símbolos de identidad y más en una Comunidad con mecanismos de decisión excesivamente complejos.

2.3. Formar una conciencia europea para implantar la democracia

En los años 70 la Comunidad Económica Europea (CEE) obtendrá nuevas competencias en materia de energía, medio ambiente, política regional y de cohesión. En la Cumbre de París de 1972 se hizo un llamamiento a un papel más fuerte de la CE dentro de la Comunidad y en el exterior, pero adoptará un perfil político bajo. En el Segundo Informe SCHUIJT (1972) se subrayará la prioridad de formar una opinión y una conciencia europea; y se añadirá que conseguir implantar un sistema democrático en la Comunidad requiere de una información general en profundidad.

En 1973 se produce la ampliación de la Comunidad a Dinamarca, Reino Unido e Irlanda, pero su impacto se ve mitigado por la crisis económica y monetaria que extiende un sentimiento de euroescepticismo entre los europeos. El Consejo de Copenhague de diciembre aprobará un informe sobre la Identidad Europea, que defiende los principios de la democracia representativa, el estado de derecho, la justicia social y el respeto a los derechos humanos. En el informe se pretendía promover y demostrar los beneficios de la Comunidad Europea a todos sus miembros. Las campañas de información sobre las principales políticas de la CEE se realizaron a través de las oficinas de prensa e información de los Estados miembros; pero asuntos como la transparencia, la apertura o el conocimiento de las instituciones también se trataron para demostrar que no era solo una «comunidad de mercaderes» (Ronan, 1975).

El director general de Información de la Comisión Europea, Sean Ronan (1975), reconoció que la Comunidad era percibida como «intangible, burocrática y remota» porque los ciudadanos no tenían la posibilidad de participar en la formulación de políticas, no las entendían y tampoco comprendían el papel de las instituciones. La comunicación sobre la CEE era pobre en los medios nacionales, debido a la escasa información sobre ella. Para la Comisión el principal objetivo era crear un sentimiento de identidad europea real en la opinión pública y esto implicará la producción de un continuo flujo de información sobre la actividad de la Comunidad, responder a las críticas y explicar las razones de decisiones impopulares (Ronan, 1975).

En esos años «empiezan también a manifestarse algunos de los síntomas que aquejan al tratamiento de la información sobre la política comunitaria: excesivo localismo en el Consejo, donde los medios de cada Estado entrevistan a «su ministro» y la información se convierte en un puzle. Como explica Carbajo (1997) «no hay luz y taquígrafos en los debates del Consejo y se relega la «dimensión comunitaria. Europa no hablará con una sola voz mientras la información sólo se vea desde la óptica nacional».

Por otro lado, el presupuesto destinado a comunicación será bastante bajo, una característica de la PIC que no desaparecerá con los años al igual que la escasez de recursos humanos. En 1971, la Dirección General de Prensa e Información y el Grupo de Portavoces disponen de 215 funcionarios y 71 agentes, incluyendo a las Oficinas Exteriores. Más de 1.000 funcionarios y agentes efectuaban similares funciones en la República Federal de Alemania (RFA). El gasto por habitante era 0,93 ecus en la RFA; 1,3 ecus en el Reino Unido y 0,013 ecus en la Comunidad en 1971. Cualquier gran empresa tenía más presupuesto publicitario que la Comunidad. Los años 70 terminarán con la creación del Sistema Monetario Europeo y los primeros comicios europeos.

2.4. Primeras elecciones europeas y descentralización de la información

La Comunidad Europea entra en una nueva fase tras las primeras elecciones al Parlamento Europeo (PE) en 1979 por sufragio universal directo. La primera constatación es que la Comisión aparece como el símbolo y representante del proyecto de construcción europea, mientras la Eurocámara juega un papel secundario. De ahí que en los años 80 el Europarlamento luche por diferenciar su tarea informativa de la de la Comisión con una voluntad clara de descentralizar al máximo la acción de información para adaptarla a las condiciones particulares de los diferentes Estados miembros. El Informe SCHALL (1980) reconoce que, si los Estados miembros no se deciden a cooperar, difícilmente llegará la Comunidad a los ciudadanos debido a sus limitaciones presupuestarias y a las acciones formativas nacionales.

En el informe se destaca que la Comisión debe, prioritariamente, informar a los ciudadanos de los fundamentos, objetivos y funcionamiento de la Comunidad. También se reconoce la necesidad de introducir métodos de relaciones públicas.

La estructura informativa de la CE se organiza en torno al Grupo del Portavoz, que se encarga de facilitar información a los corresponsales; y la Dirección General de Información (DGX), que distribuye información detallada a las oficinas de prensa de los Estados miembros, a determinados públicos objetivos (partidos políticos, sindicatos, organizaciones empresariales...) y al público en general mediante publicaciones, ferias, exposiciones etc.

Por su parte el PE inaugura una línea de actuación potenciando sus propios servicios de información, medida que tiene un desarrollo paralelo en los parlamentos nacionales ante la pérdida progresiva de poder del parlamentarismo. La Dirección General de Información en el PE debe además guardar en exquisito equilibrio ya que hay un trabajo institucional de difusión del papel del PE y una asistencia técnica. La perspectiva ideológica, la aportan los servicios de prensa de los grupos políticos.

La Comisión reconoce en sus programas de 1981 y 1982 que sin una política creíble no se puede tener una buena política de información y señala que la construcción europea no puede limitarse a la difusión de resultados positivos, sino que además deben explicarse las dificultades del proceso para que se acepten sacrificios por el bien común.

Ante las elecciones europeas de junio de 1984, el Europarlamento volvió a preocuparse de la política de información comunitaria. La Eurocámara se quejaba del débil interés de los medios sobre Europa y de la desafección de los ciudadanos a raíz de la crisis económica. El PE decidió plantear la campaña en torno a 3 temas: la Comunidad como factor de paz y estabilidad y progreso económico y social, mostrar las ventajas que tiene la integración europea para los ciudadanos y el papel democrático que juega el PE en materia de control y los bloqueos que ha sufrido en los procedimientos de decisión. El PE necesitaba una alta participación electoral para conseguir legitimidad social y poder institucional, pero no se consiguió. La falta de información aparecía como causa de la escasa participación. Para CARBAJO (1997), «la falta de competencias claras, el multilingüismo y la ausencia de una sede única han tenido un efecto negativo muy importante a la hora de consolidar informativamente las instituciones y especialmente el Parlamento Europeo (PE)».

En 1984, el Consejo Europeo de Fontainebleau estableció un Comité Ad Hoc, presidido por Pietro Adonnino (COMISIÓN EUROPEA, 1985a) compuesto por jefes de gobierno, encargado de establecer medidas específicas para promover la imagen de la Comunidad entre la opinión pública. Se destacaron 3 áreas: la primera, referente a los derechos de los ciudadanos: aumentar la participación en las elecciones al PE, reconocer el derecho de petición y establecer un Defensor del Pueblo. La segunda se refería a una mejora de la imagen e identidad europea con la adopción de símbolos que promuevan la idea de Europa como la bandera, el himno o sellos. Y una tercera área en la que tanto los Estados miembros como las instituciones europeas cooperasen para dar a los ciudadanos más información sobre el proceso de integración y las acciones y políticas comunitarias (COMISIÓN EUROPEA, 1985a)

La COMISIÓN EUROPEA (1985b) introduce un nuevo enfoque para la PIC de los años 1985-88 liderado por el comisario Ripa di Meana. En el documento se dice que junto a la política de información hay que desarrollar una de comunicación que esté dirigida más a los sentimientos y a las emociones. La misión de la nueva Política de Comunicación sería reforzar el sentimiento de pertenencia a la UE apoyándose en unos valores comunes (libertad, democracia, solidaridad, respeto a los derechos del hombre). Se pasa de promover una información persuasiva en el ámbito de la propaganda, de manipular las opiniones y los sentimientos colectivos; sobre todo en aspectos de la vida social como los religiosos, políticos, económicos y educativos (ROIZ, 1994). Veronique GIARD (1970) critica que la estrategia de información de la UE estará diseñada al servicio de un sistema tecnocrático que, inquieto por las molestias de la opinión pública, trata de establecer contacto con ella y llega a crear la ilusión de un funcionamiento democrático.

El comisario Di Meana da dos razones para justificar el nuevo enfoque: primera, el estado de la opinión pública europea: con una situación de escepticismo y distanciamiento; y segunda, que la política de información ha estado organizada en torno a la tarea de explicación y no a la del diálogo con la opinión pública a la que incluso se ha saturado informativamente.

El informe sobre política de información de la Comunidad Europea. del PARLAMENTO EUROPEO (1986) Baget Bozzo defendía que una política de comunicación moderna debía comprender no solo la información sino también la comunicación y veía necesaria una retroalimentación para conocer las demandas de los ciudadanos. El informe recomienda incrementar el presupuesto y apoya la descentralización que da lugar al nacimiento junto a las delegaciones de la Comisión de las Oficinas Exteriores del Parlamento, que actúan en los Estados miembros como «transmisores» de la información que se produce en los plenos o en los trabajos en comisión. Además, se reconoce la necesidad del uso sistemático de sondeos para medir la opinión pública.

A finales de 1986 y antes de que entrase en vigor el Acta Única Europea, Ripa di Meana apostó por seleccionar temas prioritarios de información. El Mercado Único y la nueva Política Agrícola Común fueron los escogidos en 1987 para llegar al gran público y a otros públicos objetivos.

2.5. La euforia del Acta Única Europea

Del pesimismo de principios de los 80 se pasará a la euforia debido a la llegada de Jacques Delors como presidente de la Comisión y a la entrada en vigor el 1 de julio de 1987 del Acta Única Europea (AUE), tras los referéndums en Dinamarca e Irlanda, que consagra el mercado único.

El AUE fue la mayor operación publicitaria —con éxito— lanzada desde las instituciones europeas, más allá de su importante contenido económico y secundariamente político (institucionalización de la Cooperación Política Europea).

Tanto los agentes económicos como los medios de comunicación apostarán por esa Europa necesaria que haga realidad el mercado interior único (CARBAJO, 1997). La Comisión puso en marcha toda su maquinaria informativa con el servicio de portavoces organizando ruedas de prensa; la oficina de publicaciones de Luxemburgo produciendo folletos y con el lanzamiento de «la televisión sin fronteras», para crear un espacio audiovisual común. Sin embargo, los problemas no tardarán en aparecer tras la firma del Tratado de Maastricht en febrero de 1992.

2.6. Maastricht exige más democracia

El Tratado de la Unión Europea (TUE) supuso un cambio con el fin de dotar al proceso de construcción europea de más democracia mediante una mayor participación ciudadana y el aumento del poder del Parlamento como colegislador; eficacia con la restricción de la regla de la unanimidad, y solidaridad a través de la política social y la cohesión económica y social. Sin embargo, tras la firma del Tratado de Maastricht en febrero de 1992 los problemas no tardarán en aparecer, cuando Dinamarca rechazó su ratificación en referéndum con efectos que se extenderían por toda UE a modo de contagio. Tras la consulta popular, Delors defendió la necesidad de introducir mayor transparencia en la toma de decisiones y simplificar los textos legales para acercarse más a los ciudadanos

En Francia, el presidente Francois Mitterrand también decidió ratificar el TUE por consulta popular; con un gran debate público en torno a Maastricht y sobre Europa. Para el politólogo MAURICE DUVERGER (1992) los franceses no tuvieron tiempo de junio a septiembre de comprender el modelo oscuro y desconocido de Maastricht además del funcionamiento esotérico de sus instituciones. A pesar de estas consideraciones, el 20 de septiembre ganó el «sí» a Maastricht de manera muy ajustada.

Posteriormente, en el Consejo Europeo de Birmingham de 16 octubre de 1992, se aprueba la declaración final: «Una comunidad cercana a los ciudadanos». En ella se decía que el apoyo de los europeos era imprescindible, por eso había que mostrarles las ventajas de Maastricht y ser más transparentes con la celebración de debates públicos.

El Parlamento Europeo decidió hacer autocrítica con el Informe Oostlander de octubre de 1992, tras el fracaso del referéndum danés y los problemas con el francés. La asamblea parlamentaria reiteró que la política de información no debía estar dirigida sólo a conseguir respuestas positivas sino también a fomentar que los ciudadanos expresen sus críticas (SÁNCHEZ MARTÍNEZ, M. 1999). «No habrá ningún cambio positivo hasta que no se supere el déficit democrático», rezaba el documento OOSTLANDER (1993)

El Consejo Europeo se reunió en Edimburgo el 11 de diciembre 1992 con la celebración de debates abiertos con cámaras de televisión. En cuanto éstas desaparecían, los mensajes cambiaban radicalmente y comenzaba el verdadero debate.

2.7. Vender Europa y no tratados

Por su parte, la Comisión había encargado, a un grupo de expertos comandado por Willy DE CLERCQ (1993), la tarea de elaborar un informe sobre la política de información que se publicaría en marzo de 1993. El informe cayó como una «bomba» tanto dentro de la Comisión como en los medios de comunicación. Su objetivo era sensibilizar al público y lograr la aprobación de la UE con mensajes que estimulen y prioricen a públicos como mujeres y jóvenes.

Según el documento, no existe una opinión pública europea y la identidad europea no había llegado a la mente de la gente. Por eso había que profundizar los sentimientos de pertenencia a Europa a través de una marca bajo el eslogan «Together for Europe to the benefit of us all». Para el informe DE CLERQ (1993): «Muchos ciudadanos de Europa tienen la impresión de que se les ha impuesto de arriba a abajo por Bruselas algo de lo que saben muy poco y sobre lo que no se les ha consultado». También recomienda a los gobiernos europeos que cesen de explicar Maastricht porque «los textos de los tratados son demasiado técnicos y alejados de la vida diaria como para que la gente los entienda», y en su lugar presenten Europa a la gente como un buen producto.

Las críticas del informe eran demoledoras al subrayar que el lenguaje comunitario es una «jerga incomprensible» y «la comunicación es fría, seca y racional». Además, señala que hay un déficit de información cualitativo y para paliarlo la receta era aumentar la comunicación.

Por otro lado, preconizaba una mayor profesionalización de los funcionarios, un uso mayor de los medios audiovisuales y de los sondeos de opinión además de fomentar de la transparencia. El documento recomienda la creación de una oficina centralizada de comunicación para asegurar que la Comunidad habla con una sola voz y comunica el mensaje correcto a una audiencia objetivada. También se subraya que el presidente de la Comisión lance mensajes televisados a los ciudadanos de Europa.

El informe recibió la crítica de que rayaba en la propaganda porque rechaza la explicación de los tratados y quiere evitar que se cargue la responsabilidad de todos los males nacionales a Europa. El documento, que tenía a los periodistas entre sus objetivos, causó enfado entre los corresponsales.

El informe no olvidó la dimensión cultural de la UE y señaló que la comunicación de la idea de Europa debía ser un proceso que se iniciara en la escuela secundaria (De Clerq, 1993)

En cuanto a la transparencia, el informe apuesta porque el Consejo cuando apruebe la legislación, las votaciones y justificaciones de los Estados miembros se hagan en sesiones públicas.

Por último, subraya que conviene estimular la constitución de partidos políticos de ámbito europeo que no sean simples conglomerados nacionales.

2.8. Cambiar para que todo siga igual

Ante el panorama que se ha apoderó de la opinión pública post-Maastricht el presidente de la Comisión, Jacques Delors, encargó al Comisario Joao de Deus Pinheiro la reforma del sector de la comunicación e información de la Comisión.

Pinheiro identificó dos áreas problemáticas. La primera, que la Comisión operaba en un entorno transnacional y multicultural y dentro de un sistema institucional complejo que hace que los ciudadanos estén confusos y sean suspicaces. En la segunda área, hacía referencia a la escasa coordinación y profesionalismo dentro de la comisión al gestionar las actividades de comunicación e información. Para resolver ambos problemas, el comisario propone un nuevo enfoque basado en 3 ejes: promocionar la apertura y la transparencia, una mejor gestión de la información y reorganizar las competencias de la Comisión.

La Comunicación Pinheiro (1993) reconoció que había un exceso de información, pero con deficiente calidad y de nuevo establecía una relación entre el problema informativo y el político: «el déficit informativo se ha vuelto parte del déficit político».

La Comisión se convirtió en chivo expiatorio e intentaba hacerse con el mayor apoyo posible entre los ciudadanos con información y debates, aunque en el fondo buscaba controlarlos para corregir las desviaciones de opinión. Para Sánchez Martínez (1999) «el ejecutivo comunitario anteponía, una vez más, los elementos informativos a las raíces políticas más profundas del problema sin decir nada de la estructura institucional de la comunidad, de la legitimidad democrática, del papel del Parlamento, del sistema de trabajo del Consejo o del complicado sistema de toma de decisiones. Con la PIC sólo se podían lograr modificaciones insuficientes».

En 1997 fue adoptado el Tratado de Amsterdam que apuntalaba los principios de la Unión: democracia, libertad, protección de los derechos fundamentales y libertades fundamentales, y consolidaba la esfera de influencia de la UE. Ese mismo año la UE lanzó la Agenda 2000 en la que se debatiría la reforma de la PAC, la política de cohesión y la futura ampliación de la Unión.

En marzo de 1999 el colegio de comisarios encabezado por el presidente Jacques Santer anunció su dimisión por las sospechas de fraude y corrupción y abrió una de las principales crisis de legitimación de la UE.

2.9. Evolución del discurso de la Política de Información y Comunicación

El número de documentos y regulaciones emanados en el campo de la política de comunicación se incrementaron de manera constante desde los años 50. Entre 1950 y 1960, las ocasionales campañas de información se enfocaron hacia actividades de la Comunidad Europea y se centraron en una audiencia selecta de elites económicas, políticas y académicas; los multiplicadores de la idea europea; quedando fuera el público general.

Según la profesora Nesti (2010) «las elites nacionales y supranacionales estaban convencidas que la UE produciría la integración de las áreas técnicas y políticas económicas gracias a los resultados de políticas eficaces». En opinión de Meyer (1995), la razón por la cual la Comisión se abstuvo de una política de comunicación fue debido a la preocupación de que un mayor conocimiento público podría minar el apoyo a la integración.

Entre los años 70 y 80 la situación cambió en parte, debido a que las instituciones europeas comenzaron a pensar sobre la oportunidad de apoyar la integración económica en el campo de la comunicación como una vía para crear un sentido común de identidad. Durante estas dos décadas, la Comisión subrayó en sus programas anuales de información, una estrategia de comunicación más específica mediante el establecimiento de un personal más especializado, recursos, planificación y ejecución de actividades de información específicas y lanzando las primeras iniciativas hacia audiencias especializadas (mujeres, jóvenes y pymes). En los 70, según NESTI (2010) «los principales asuntos tratados fueron la transparencia, el diálogo entre los ciudadanos y las instituciones, la descentralización de las actividades de información hacia los Estados miembros y las elecciones parlamentarias de 1979». Durante los años 80, el número de asuntos aumenta y su contenido se diversifica. El discurso sobre la comunicación se enriquece con la elaboración de cuestiones más complejas: el tema de la transparencia, la idea de la identidad europea y la organización de las actividades de comunicación.

En los 80, la transparencia se asoció con la simplificación de los actos administrativos, la identidad europea con la idea de ciudadanía, y los asuntos relativos a la organización de la comunicación como el principio de colaboración se extienden por todas las instituciones y también por los Estados miembros.

En 1992, tras la crisis de Maastricht, la UE se dio cuenta de la urgencia de invertir en comunicación. Joao de Deus Pinheiro fue nombrado primer comisario de Comunicación e Información a cargo de la Dirección General X en 1994, y comenzó un proceso profundo de reforma de la comunicación pública en la UE. Sin embargo, la posterior Comisión Santer no invirtió en la comunicación como área estratégica para promover el apoyo público.

En los 90, nuevos asuntos entraron en el discurso original para formar parte del grupo de cuestiones políticas europeas a través de los conceptos déficit democrático y participación. De manera similar, en el grupo de organización de actividades de comunicación aparecieron dos nuevas cuestiones: la comunicación hacia terceros países y la idea de una estrategia marcada por el marketing sugeridas en el Informe De Clerq.

Es interesante reseñar que la cuestión de la Identidad Europea, que era central en el debate político que emergió después de la problemática ratificación del Tratado de la Unión Europea desapareció del discurso sobre la comunicación (De Kerchove D'exaerde, 1990). Así, las estrategias de De Clerq y Pinheiro, estuvieron más orientadas hacia la resolución de cuestiones de organización que a la definición de contenidos políticos.

3

COMISIÓN PRODI: NUEVOS RETOS Y FORMAS DE GOBERNANZA MÁS CERCANAS A LOS CIUDADANOS

La dimisión de la Comisión Santer influyó de manera negativa en la imagen pública de la UE, lo que condicionó la necesidad de buscar una nueva estrategia de comunicación. La baja participación en las elecciones europeas de junio 1999, un 49,8 % de media, volvió a remover los cimientos de la política de información. El 13 de septiembre de 1999 tomó posesión la Comisión presidida por Romano Prodi, que vio incrementado su poder e influencia tras el Tratado de Ámsterdam. Durante su presidencia, se lanzó la Estrategia de Lisboa y se aprobó en 2001 el Tratado de Niza que permitirá la ampliación de la UE a los países del Este y Centro de Europa. Ese mismo año se proclamará la Carta de Derechos Fundamentales de la UE y se presentó, durante el Consejo de Laeken, la Convención sobre el futuro de Europa.

Prodi comenzará un proceso profundo de reforma dirigido a renovar la imagen de la Comisión y para relanzar el proceso de integración y responder mejor a los retos de la globalización y la ampliación. La estrategia del nuevo presidente perseguirá 2 objetivos: renovar la organización de la Comisión para hacerla más eficiente y capaz de responder a los retos de la globalización y de la ampliación; relanzar el papel de la institución y restaurar su integridad moral, así como promover nuevas formas de gobernanza con mayor participación ciudadana.

Asimismo, se desarrollarán nuevas herramientas de comunicación: aplicación de las tecnologías de información y comunicación, técnicas de investigación social (encuestas de opinión pública) y el uso de los medios audiovisuales para mejorar la eficacia de la estrategia de comunicación de la UE.

Antes de que la PIC se revise de nuevo, la Comisión Europea (2001a) elaboró un Libro Blanco sobre la gobernanza europea aprobado en julio de 2001. Para profundizar en la democracia, el documento anima a fomentar el debate entre los ciudadanos sobre temas europeos para popularizarlos y a facilitar el acceso a información relevante. Sin embargo, no se decía casi nada sobre la necesidad de construir una identidad política europea.

El Libro propuso cambios para abrir el proceso decisorio europeo e implicar a más gente y organizaciones y el presidente Prodi hizo la siguiente declaración de intenciones: «El Libro Blanco no es una solución inmediata para todo, pero es una tentativa seria de abordar las preocupaciones que mucha gente tiene. Nuestro desafío es impulsar la confianza en la Unión antes de la próxima ronda de la reforma institucional. Es decir, tenemos que poner en orden nuestra propia casa antes de que empecemos en la ciudad entera».

3.1. Una nueva estrategia de comunicación para la ampliación de la UE

Dos días después de publicarse el Libro Blanco, la Comisión Prodi lanzó su nueva PIC, que sería esbozada específicamente en 3 documentos, que lanzará el Comisario Antonio Vitorino, conocidos vulgarmente como VITORINO I (2001), II (2002) Y III (2004), que hicieron un mayor hincapié en un enfoque simple, desburocratizado y descentralizado. La información y la comunicación son vistas como herramientas necesarias para mejorar la legitimidad de la UE, impulsar el debate y el escrutinio público de las actividades de la Unión, pero también son concebidas como herramientas de gobernanza estratégica para mejorar la eficacia política a través de la apertura de los mecanismos de retroalimentación sobre la implementación de políticas (NESTI, 20210).

El documento VITORINO I (2001) recoge una «auténtica revisión de la política de información» que en el futuro debe coordinarse mejor, optimizar los recursos y acercarse al ciudadano, sobre todo, después del batacazo sufrido por el resultado del reciente referéndum irlandés sobre el Tratado de Niza que hace más necesario que nunca la coordinación a la hora de informar sobre la Unión Europea. En el documento VITORINO I (2001) se afirmaba que «Bruselas sola no puede explicar las políticas, las actividades y el futuro de la Unión. La información debe venir de aquellos que están más cerca y directamente relacionados con el ciudadano: representantes elegidos y Gobiernos a todos niveles»

Las Instituciones se enfrentan a muchas dificultades para alcanzar al ciudadano superando barreras de tipo lingüístico, cultural, político o institucional; y se debe de tener en cuenta las diferencias entre Estados miembros porque no existe un público europeo y eso obliga a adaptar el mensaje a las especificidades del público al que se dirige. Además, se aboga por la descentralización de las actividades informativas a través de las oficinas en los Estados miembros de la Comisión y el Parlamento.

Los Estados miembros adoptaron en Niza en diciembre de 2000 las decisiones técnicas pertinentes para la adhesión de los países candidatos, sin embargo, no se debatió ni el sentido de la integración europea ni lo que se deseaba hacer en común. Según el documento VITORINO II (2002) aunque los ciudadanos «desean» a Europa no comprenden bien en qué consiste la integración europea y quieren mayor claridad y control democráticos. El Consejo, tanto bajo presidencia belga (segundo semestre de 2001) como española (primer semestre de 2002) reconocía, por primera vez, la importante cuota de responsabilidad de los Estados miembros en la difusión de la información y el desarrollo de la comunicación sobre los asuntos europeos, sobre todo para que dejen de difundir información sólo desde el prisma de la política nacional.

En aras de vencer el desconocimiento que tienen los ciudadanos sobre los logros y el funcionamiento de la UE, la Comisión presentó este documento de estrategia de información VITORINO II (2002) con el objetivo de crear un espacio público para el debate europeo con una política común que supere los escollos institucionales y políticos. El documento reconoce la existencia de un fuerte déficit de información sobre los logros de la construcción comunitaria y del funcionamiento de la Unión Europea y sus capacidades reales. Se destaca que esa ignorancia es incluso mayor entre los más jóvenes.

Además, los ciudadanos son conscientes de estar muy poco informados sobre los temas europeos y culpan de su ignorancia, o de la percepción equivocada de los mismos, a los medios de comunicación, las autoridades nacionales y a las Instituciones europeas. Por eso, combatir la ignorancia y la indiferencia se ha convertido en una necesidad para la Unión Europea y para ello recuerda que el índice de participación en las elecciones europeas bajó de un 63 % en 1979 a un 49 % en 1999.

La Comisión hace una fuerte crítica sobre el déficit de información al reconocer que hasta ahora no ha habido una política de comunicación. El documento VITORINO II (2002) subrayó «el desconocimiento e incomprensión que caracterizan las relaciones de los ciudadanos con la Unión Europea no puede achacarse al destino. Esta situación se explica principalmente por la complejidad del proceso europeo, pero también por la inexistencia de una política de información y comunicación de la Unión Europea, tanto en lo que se refiere a las Instituciones europeas como a los propios Estados miembros». De ahí la necesidad de un cambio radical, «un nuevo enfoque», otro más en la PIC, aunque esta vez, por fin, acompañado de un método revolucionario de participación en el proceso de toma de decisiones europeo: la Convención.

La aplicación de esta estrategia deberá iniciarse en 2003 y por eso se reclama la colaboración de los Estados miembros y un cambio de mentalidad. «El éxito de su implementación —subraya la Comisión— dependerá de la voluntad política que debe impulsarla».

Unos días antes de la fecha en la que se produjo la adhesión de los 10 nuevos Estados a la UE (1 de mayo de 2004) y un par de meses antes de la celebración de las elecciones europeas del 13 de junio; la Comisión lanzó la comunicación VITORINO III (2004) sobre la aplicación de la Estrategia de la PIC. La Comunicación planteaba un enfoque realista y progresivo basado en dos ejes principales: la capacidad de la UE de elaborar y difundir mensajes adaptados y orientados sobre sus distintos temas de información prioritarios; y un partenariado voluntario y operativo con los Estados miembros, para desarrollar sinergias entre las estructuras y capacidades de los Estados miembros y las acciones de la Unión Europea.

Pero todos estos retos debe afrontarlos «sin aumento de personal y con un aumento muy limitado para las 10 nuevas representaciones de los nuevos Estados Miembros» (VITORINO III, 2004). En este documento se insiste, una vez más, en la necesidad de una cooperación interinstitucional que debe realizarse «en conexión con los Estados miembros» para lo que se crea la figura del memorando de acuerdo (memorandum of understanding) que la CE y el PE proponen a los Estados miembros para realizar actividades conjuntas en los ámbitos de actuación informativa prioritarios.

En cuanto a los temas de información prioritarios se subraya que deben responder a las necesidades y preocupaciones concretas de los ciudadanos, aunque, desde nuestro punto de vista, la realidad es muy distinta porque se terminan primando 4 temas: ampliación, el futuro de la UE, el espacio de libertad, Justicia e Interior y el euro. En 2004 se añade uno más: el papel de la UE en el mundo, un asunto que según este documento responde a las necesidades de los ciudadanos; pero la realidad era bien distinta porque si se analizan encuestas y sondeos las preocupaciones de los europeos iban por otros derroteros.

Pese a la incorporación de 10 nuevos Estados a la Unión Europea el 1 de mayo de 2004, que constituye un acontecimiento histórico que pone fin a muchos siglos de enfrentamiento y división, los recursos en comunicación no aumentarán. La reunificación de Europa traerá consigo un continente más fuerte, democrático y estable, dotado de un mercado único capaz de aportar beneficios económicos a sus 460 millones de ciudadanos.

En la Declaración de Laeken sobre el futuro de la UE el CONSEJO EUROPEO (2001) explicaba que la UE debía aproximar las Instituciones europeas al ciudadano. Sin duda alguna, los ciudadanos siguen respaldando los grandes objetivos de la Unión, pero no siempre perciben la relación entre éstos y la actuación cotidiana de la Unión. Los europeos desean unas instituciones europeas menos lentas y rígidas y, sobre todo, más eficientes y transparentes. En las conclusiones de Laeken se subraya que la UE debería prestar mayor atención a las preocupaciones concretas de los ciudadanos en lugar de intervenir en los más mínimos detalles en asuntos que, por su propia naturaleza, sería mejor poner en manos de los representantes electos de los Estados miembros y de las regiones. Algunos sienten incluso esta situación como una amenaza a su identidad. Pero, lo que es quizás aún más importante es que los ciudadanos consideran que las cosas se hacen demasiado a menudo a sus espaldas y desean un mayor control democrático. En definitiva, el ciudadano pide un enfoque comunitario, claro, transparente, eficaz y conducido democráticamente. Sin embargo, estos retos se topan con una serie de problemas como la complejidad de la UE, su diversidad de lenguas, la crisis de legitimidad y el desconocimiento ciudadano del proyecto europeo.

En vísperas de la ampliación, estando en curso los trabajos de la Convención sobre el futuro de la Unión Europea, y en un contexto de incomprensión hacia lo que supone la globalización; el proyecto europeo necesitaba, cada vez más, cobrar sentido y visibilidad. La Comisión abogó de nuevo por colmar el déficit de información para superar un problema que iba más allá del desconocimiento o de la falta de información. Para DACHEUX (2004), la legitimidad era débil porque el proceso de construcción europea era elitista y excluía a los ciudadanos, y sobre todo por la ausencia de un espacio público europeo. Otros autores, como CLOSA (1997) subrayan que la legitimidad de la UE tiene más que ver con un pacto entre legítimos intereses divergentes cuya continuidad se basa en los beneficios derivados de las políticas comunitarias para todos los Estados miembros.

3.2. Debilidades en el enfoque de la Política de Comunicación

Desde la llegada de Romano Prodi a la presidencia de la Comisión se buscó una estrategia común para que todas las instituciones caminasen en la misma dirección. El ejecutivo comunitario llegó a la conclusión que debía hacer una apuesta conjunta por temas de interés común entre las distintas instituciones europeas. Era necesaria la descentralización y menor burocracia, pero manteniendo siempre la independencia de cada una de las instituciones.

Ante el alejamiento ciudadano de las instituciones se apostó también por una nueva estrategia de información y comunicación, pero sin impulsar la identidad europea, aunque esta vez a diferencia de en el pasado, la Comisión Prodi hizo hincapié, de manera acertada, en la reforma del proceso decisorio. La Comisión abogó de nuevo por colmar el déficit de información para superar un problema que iba más allá del desconocimiento o la falta de información. La legitimidad era débil porque el proceso de construcción europea era elitista y excluía a los ciudadanos y, sobre todo, por la ausencia de un espacio público europeo.

En el documento VITORINO II (2002) se acusó a los Estados miembros de difundir información europea solo desde el punto de vista nacional cuando el objetivo era crear un espacio público de debate europeo y se destacó que había un déficit de información sobre los logros y funcionamiento de la UE.

Además, la Comisión Prodi se topó con una serie de problemas que venían de décadas anteriores: la complejidad institucional de la UE, el problema de las lenguas y la apuesta europea de promover la diversidad lingüística, que es uno de los mayores obstáculos de comunicación: el inglés avanza y se impone como lengua franca, pero se le ve como una amenaza y no tiene aceptación política. La cuestión del idioma está en el corazón de la resistencia sociocultural a la homogeneización y es un factor importante para explicar la falta de éxito en la creación de una televisión paneuropea.

Los temas de información, según el documento Vitorino III (2004), debían responder a las preocupaciones de los ciudadanos, algo que no fue así. Las prioridades informativas de la UE no solían coincidir con las de los ciudadanos por mucho que la PIC de la Comisión Prodi incidiera en ello. En la práctica, las instituciones priorizaron los asuntos que las élites políticas determinaban sin tener muy en cuenta a los ciudadanos europeos. Las prioridades en las que la UE debería centrarse, según los ciudadanos, eran la lucha contra el desempleo, la pobreza y la exclusión social. En cambio, para Szmolka (1999) los fines que los EM propusieron en Amsterdam fueron considerados por los europeos como secundarios: la reforma de las instituciones y el incremento de la importancia política y diplomática de la UE Para más inri, la ampliación, una de las campañas por la que más fuerte apostaron las instituciones comunitarias, fue el tema que consideraban menos prioritario, según los Eurobarómetros.

Después de la ratificación del Tratado de Maastricht se llegó a la conclusión de que había sobreabundancia de información, pero de escasa calidad y con un exceso de lenguaje tecnocrático (Sánchez Martínez, 1999). Sin embargo, años más tarde en la comunicación Vitorino II (2002) se destacó que el debate europeo sólo podrá producirse con información más abundante y de mayor calidad, pero la sobreabundancia produce ruido y termina por matarse a sí misma. «Un exceso de datos desalienta y hace huir al ciudadano que tiene una capacidad cognitiva limitada», explicó Dacheux (2004)

Sobre las herramientas de comunicación, la PIC de Prodi destacó que la televisión y la radio seguían siendo, con gran diferencia, los medios de comunicación preferidos por la opinión pública. También hay que subrayar el importante papel que jugaban las agencias de noticias, dominadas por las anglosajonas, y los canales transnacionales que constituyeron una gran fuerza globalizadora, pero esa influencia no fue muy grande en Europa si se tiene en cuenta su difusión (Chalaby, 2003). Uno de los principales objetivos teóricos de Euronews fue, desde su creación, la misión de construir una identidad europea común, pero primó su misión destructiva: defender la cultura europea frente a la CNN erigiéndose en un competidor suyo para frenar su influencia creciente (Richeri,1994) Su neutralidad, lenguaje aséptico y artificialidad la relegaron a un segundo plano.

En los tres documentos de PIC lanzados por la Comisión Prodi se destacó sobremanera la cooperación interinstitucional y la participación de los Estados para acercar Europa. »Sin embargo, esta cooperación, sobre todo entre instituciones y Estados es bastante complicada y depende de los intereses puntuales del país. A los ciudadanos les llega lo que dicen sus gobiernos, son los Estados los que amplifican el mensaje, por eso las Representaciones de la Comisión necesitan el apoyo del Estado miembro», subrayó, Miguel Moltó[1], ex director de la Representación de la CE en España y ex jefe de la Task Force «Futuro de Europa».

La Comisión Prodi intentó cerrar la brecha abierta entre ciudadanos e instituciones mediante un nuevo proceso decisorio más cercano al ciudadano como el de la Convención, que analizaremos a continuación, y una nueva estrategia de información y comunicación con acierto a la hora de diagnosticar los problemas, algunos de los cuales llevaban años detectados y sin solventarse; pero sin marcar una hoja de ruta europea clara, que se acercase a las preocupaciones de la ciudadanía ni acompañarle de instrumentos, que ayudasen a crear un espacio público europeo con políticas integradoras y menos intergubernamentales.

---

1 Entrevista realizada a Miguel Moltó Calvo, ex director de la CE en España y jefe de la Task Force «Futuro de Europa».

4

CONVENCIÓN CONSTITUYENTE Y ELECCIONES DE 2004

El Consejo de Laeken de diciembre de 2001 decidió garantizar una preparación lo más amplia y transparente posible de la Conferencia Intergubernamental que aprobaría la Constitución Europea. Por eso decidió convocar una Convención que reuniese a los principales participantes en el debate sobre el futuro de la Unión cuyo cometido sería el de examinar las cuestiones esenciales que plantea el futuro desarrollo de Europa e investigar las distintas respuestas posibles.

4.1. Un método revolucionario y elitista a la vez

El Consejo nombró a Giscard d'Estaing, presidente de la Convención, y a Amato y Dehaene, vicepresidentes. La Convención también constaría de 15 representantes de los jefes de Estado o de Gobierno de los Estados miembros (uno por cada Estado miembro), de 30 miembros de los Parlamentos nacionales (dos por Estado miembro), de 16 miembros del Parlamento Europeo y de dos representantes de la Comisión. Y se decidió que los países candidatos a la adhesión participarán plenamente en los trabajos de la Convención participando en las deliberaciones, si bien no podrían impedir el consenso que pudieran alcanzar entre los Estados miembros.

El Praesidium de la Convención estuvo integrado por el presidente de la Convención, los dos vicepresidentes de la Convención y nueve miembros de la misma. Además, se invitó en calidad de observadores a tres representantes del Comité Económico y Social y a tres representantes de los interlocutores sociales europeos, a los que se añadirán, en nombre de seis representantes del Comité de las Regiones y el Defensor del Pueblo. Los 105 «padres» de la Convención comenzaron sus trabajos en febrero de 2002 y los culminaron en julio de 2003.

La Convención estructuró sus trabajos, en lo esencial, en tres fases: una fase de escucha, de febrero a julio de 2002, en la que se debatieron de forma genérica, en sesiones plenarias, cuestiones básicas como cuáles debían ser los objetivos de la Unión Europea y cuáles, en consecuencia, los instrumentos adecuados para alcanzarlos; una segunda fase, de estudio, que fue de septiembre a diciembre de 2002, en la que se examinaron informes específicos sobre temas concretos cuya elaboración se había encomendado a diversos grupos de trabajo; en una tercera y última fase, de enero a julio de 2003, fase de propuesta y redacción, se procedió a la deliberación colectiva sobre la base de proyectos de artículos elaborados por la Secretaría General de la Convención bajo la dirección de su Presidium, su órgano de gobierno. Asimismo, se descartó el recurso al voto como sistema de trabajo, optándose por el concepto político, que no jurídico, de consenso.

En los debates de la Convención también pudieron participar los ciudadanos a través de las distintas aportaciones que se realizaron mediante las organizaciones de la sociedad civil (ONGs, universidades, interlocutores sociales, la Iglesia, asociaciones, etc).

La doble legitimidad (ALDECOA, 2004) del método de la Convención la convirtió en un procedimiento revolucionario. Por un lado, la de los representantes de los Estados nacionales (de los Gobiernos y de los Parlamentos) y, por otro, la legitimidad que proviene de las instituciones europeas (Comisión, Parlamento, Comité Económico y Social y Comité de las Regiones). Además, algunas aportaciones de la sociedad civil también se han tenido en cuenta en la elaboración del texto. Hay autores críticos para quienes la participación ciudadana debería haber ido más allá. Según PEDROL y PISARELLO (2004) «la apertura de la web y el limitado derecho de audiencia a los interlocutores sociales son un pobre sucedáneo de lo que tendría que haber sido la movilización y deliberación en un momento constituyente. La Convención sólo consagró una de sus sesiones a escuchar a la sociedad civil. ¿Cuántos debates hubo en las televisiones, ayuntamientos, universidades o parlamentos locales?»

Para las instituciones el déficit democrático de la UE se podría paliar con la Convención que dio cabida no sólo a los jefes de Estado y de Gobierno sino que abrió el espacio público al debate y a la discusión. El problema es que esa esfera pública todavía era muy reducida, no era más que un pequeño embrión que debía crecer y para ello los medios de comunicación y, sobre todo, la televisión y la radio debían hacer un esfuerzo.

El 18 de julio de 2003, el presidente de la Convención hizo entrega al primer ministro italiano, Silvio Berlusconi, en su calidad de presidente en ejercicio del Consejo Europeo, de un proyecto de Tratado por el que se establecía una Constitución para Europa o Tratado constitucional de la Unión. El 4 de octubre de 2003 se iniciaron los trabajos de la Conferencia Intergubernamental (CIG en adelante) que había de adoptar formalmente el nuevo texto. Los jefes de Estado y de Gobierno de los Estados miembros de la Unión Europea alcanzaron un acuerdo político el 18 de junio de 2004. La firma del nuevo Tratado tuvo lugar el 29 de octubre de 2004, en Roma.

Para autores como DAHRENDORF (2004) la Constitución sólo era un símbolo, pero los envoltorios y el lenguaje son importantes porque el nombre de Carta Magna transcendía el origen de organización internacional que tiene la UE. Además, demanda un debate todavía ausente en los Estados miembros, y ser criticada y comprendida a través de un constitucionalismo propio. Sin embargo, AREILZA (2004) criticó que debajo de este ropaje constitucional permanecían los rasgos básicos de las instituciones y el derecho europeo y sigue vigente el método comunitario. Pese a las críticas al «título altisonante» de Constitución, cuando su naturaleza jurídica es la de un tratado, no dejó de reconocerse que Europa necesitaba una verdadera Constitución (PRODI, 2004) como faro o elemento emocional que ayude a mejorar el sentimiento de pertenencia a la UE. Para el presidente de la Comisión, Romano PRODI (2004), la Constitución introducía una UE más democrática, transparente, con mayor control y sobre todo más próxima al ciudadano.

La Convención fue un mecanismo revolucionario que permitió la participación de la sociedad civil y según el exportavoz del Parlamento Europeo, Jaume DUCH[2], como método de trabajo no tenía vuelta atrás, fue muy positiva y Lisboa fue un gran tratado gracias a ella, algo que no se hubiera conseguido con una Conferencia Intergubernamental (CIG). Un método que para Carbajo sirvió para abrir las ventanas, aunque no las puertas y para el excorresponsal en Bruselas y actual director de The Objective, Álvaro NIETO[3] «se dio voz a la sociedad civil, pero era un método mejorable» pues las reuniones eran en abierto, pero señala que después Giscard D`Estaing imponía sus condiciones. También apuntó en esa dirección el ya fallecido ex presidente del PE, José María GIL-ROBLES[4]: «No hubo una traslación del debate interno al debate de la calle. En ese sentido, la Convención no resultó transparente pues fue para una opinión pública elitista no para la masa».

El mecanismo de la Convención fue positivo, pero pese a la apertura hacia la sociedad civil, resultó insuficiente porque solo terminó llegando a una élite o burbuja europeísta. Los ciudadanos tenían la expectativa de que la UE solucionara determinados problemas y retos que surgen con la globalización (como la «deslocalización» de empresas y el dumping en cuestiones sociales y medioambientales, la liberalización de los servicios de interés general, la eliminación de aranceles sobre los productos agrícolas, la inmigración ilegal,

2 Entrevista a Jaume Duch, ex portavoz del Parlamento Europeo. Bruselas.

3 Entrevista a Álvaro Nieto, el excorresponsal en Bruselas y actual director de The Objective. Madrid.

4 Entrevista a José María Gil-Robles. Expresidente del Parlamento Europeo. Madrid.

la criminalidad internacional organizada, ...). La repuesta de las instituciones no está en una PIC sino en tener la capacidad política a nivel europeo para solventar dichas dificultades.

4.2. Fuerte abstención en las elecciones de 2004

El 13 de junio de 2004 se celebraron elecciones al Parlamento Europeo con un bajo porcentaje de participación electoral en la UE: 45,7 % de media en los 25 países. Los déficits democráticos y de comunicación de la UE quedaron de manifiesto en la baja participación ciudadana de las elecciones europeas, cuya campaña en los Estados miembros se centró mayoritariamente en asuntos domésticos. Para KURPAS *et alii* (2004) estos resultados destacaron por dos «realidades dolorosas»: reconformaron la tendencia detectada desde las primeras elecciones a la Eurocámara en 1979 de que los ciudadanos no están interesados en un voto que no les dará «opciones reales» como la de elegir al presidente de la Comisión Europa y, por otra parte, indican que los europeos no conceden la importancia debida a las decisiones que se toman a escala comunitaria (apatía y carencia de una fuerte identidad europea).

Para conocer y comprender las actitudes de los ciudadanos respecto al futuro de la Unión Europea, se realizaron sondeos por organizaciones especializadas, tanto a nivel europeo como en cada Estado miembro. A nivel europeo, estos sondeos se efectúan en el marco del Eurobarómetro. Según la encuesta post elecciones europeas del FLASH EB (Julio 2004) los resultados electorales dieron lugar a 3 enseñanzas: la abstención tan fuerte permite hablar de un fracaso democrático, hubo una fuerte movilización del euroescepticismo en los EM y un voto de sanción a ciertos gobiernos en clave nacional

La tasa de participación media fue del 45,7 %, sin embargo, en los nuevos Estados Miembros (NEM) fue sólo del 26 % del electorado, 30 puntos menos que la media de participación en las últimas generales celebradas en los 10 NEM que tuvieron un 56 % de media. La tasa de participación más baja fue la de Eslovaquia con un 17 % y Polonia con un 20,9 %. Si comparamos las tres últimas elecciones generales en los 10 NEM con las europeas podemos concluir que los votantes evalúan la importancia que tiene cada comicio y deciden votar o abstenerse en función del tipo de elección y la celebración de otras elecciones en las mismas fechas que las europeas favorecen la participación.

El perfil del abstencionista es una persona joven de 18 a 24 años (67 %) y obrero (64 %). Las causas de la abstención serían la falta de confianza y la insatisfacción respecto a la política en general (22 %); un 34 % en los NEM y un 19 % en la EU-15; y el 14 % por falta de interés por la política, un 12 % en la UE 15 y un 21 % en los NEM. El 70 % de los europeos cree que la pertenencia a la UE es una buena cosa por eso la abstención en las europeas, según el Eurobarómetro, no es algo espontáneo sino una crítica a un sistema político decepcionante.

El nivel de información sobre las elecciones fue de un 59 % de media, por tanto, el déficit informativo fue minoritario (sólo un 39 %). Si comparamos la media del nivel de información de la UE15 (62 %) frente al 42 % de los NEM, las diferencias son sustanciales.

Lo que sí se notó fue una cierta pasividad del electorado a la hora de recibir información sobre la campaña electoral ya que él no va a buscarla *motu propio* y la mayor parte de las informaciones llegaron a través de la radio, la televisión y la prensa escrita. Medios como internet apenas se usaban en ese momento (7 % de media) para buscar información electoral al igual que apenas se asistía a reuniones y mítines de los partidos durante la campaña (sólo un 5 %).

Según el EB 61 de julio de 2004 sobre la imagen de la UE en los medios: un 39 % creía que era objetiva y un 34 % del grupo que era positiva. Las fuentes preferidas para recibir información sobre la UE fueron: la televisión (60 %), prensa diaria (34 %), 17 % en charlas con amigos y colegas y 10 % a través de Internet.

En cuanto a las preocupaciones de los ciudadanos, según el EUROBARÓMERO 61 (2004), las razones más importantes de los europeos para decidir a quién votar en las elecciones al PE fueron: las políticas de los candidatos (39 %) y la opinión sobre las cuestiones nacionales (38 %). Las cuestiones más importantes para los ciudadanos europeos fueron las siguientes: el empleo (59 %), el crimen (45 %) y la inmigración (45 %). Sin embargo, asuntos sobre los que los medios hicieron mucho hincapié como la reforma de las instituciones sólo interesaban al 13 % de los ciudadanos al igual que la ampliación, y las actividades del Parlamento Europeo interesaron tan sólo a un 12 %. Si nos fijamos en los miedos que para los ciudadanos emanan de la construcción europea, el 72 % de los europeos temían la transferencia de puestos de trabajo a países con menores costes de producción.

Sin embargo, la baja participación no pareció inmutar, en los meses siguientes, a los Estados miembros ni a las instituciones europeas a la hora de explicar el proyecto de tratado Constitucional de manera objetiva y realista, qué significaba para los ciudadanos, cómo podían resolverse mejor sus problemas dentro de la UE y qué ventajas les aportaba la construcción europea. La finalidad de fomentar el debate público sobre la UE y su Constitución para reducir la percepción de déficit democrático y el desinterés al respecto que mostraron los europeos no estuvo a la orden del día.

5

CONSTITUCIÓN FALLIDA TRAS EL SÍ ESPAÑOL Y LOS NOES DE FRANCIA Y HOLANDA

José Manuel Durao Barroso fue designado como nuevo presidente de la Comisión por el Consejo y ratificado por el PE. En su discurso ante el Parlamento el 21 de julio de 2004 reconoció que el mayor reto que tenía por delante no era el euroescepticismo de unos pocos sino cómo vencer la euroapatía de una mayoría (DURAO BARROSO, 2004). El otro gran reto que tenía por delante el ex primer ministro portugués era la ratificación del tratado constitucional por los 25 Estados miembros.

Por su parte, la presidencia holandesa de la UE también reaccionó frente a los malos resultados electorales y fijó como una de sus prioridades mejorar la imagen que tienen los ciudadanos de Europa con el fin de conseguir una alta participación en los diferentes referendos que se celebrarían en 2005 en la UE.

5.1. Perfil bajo de la Comisión durante los referenda

Durante las audiencias de los candidatos a comisarios europeos ante el Parlamento Europeo en la semana del 27 de septiembre al 1 de octubre de 2004, la futura vicepresidente y comisaria de Relaciones Institucionales y Estrategia de la Comisión Europea, Margot Wallstrom, rechazó que el Ejecutivo comunitario se implicase en las «campañas de publicidad» sobre la Constitución europea en los diferentes Estados miembros. WALLSTRÖM (2004) lo consideró «contraproducente» e insistió en que la Comisión no debía tener un «papel propagandístico» ya que su participación en las campañas nacionales podría «poner en peligro la ratificación exitosa» del texto. Por todo ello, consideró importante que el Ejecutivo comunitario se centrase en facilitar el debate y hacerlo accesible al ciudadano «para que la gente comprenda de qué habla el Tratado constitucional», explicó.

WALLSTRÖM (2004) anunció su intención de asegurar un debate pluralista y la transmisión de una información que «corrija las medias verdades y mentiras» que circulan en Europa sobre la Constitución. «No podemos fallar en el suministro de información sobre el proyecto europeo; cuando siete de cada diez ciudadanos, no sabe o sabe muy poco sobre el proyecto europeo», advirtió.

Entre las iniciativas de la vicepresidenta designada, destacó la invitación que realizó a los representantes de la sociedad civil para que celebrasen cumbres paralelas a las que reunían cuatro veces al año a los Jefes de Estado y de Gobierno de los Veinticinco. Además, apuntó que trabajaría para que todas las instituciones cooperasen más entre sí y mejorasen la transparencia en sus procedimientos.

Por ello, la elaboración de una nueva estrategia de comunicación ocuparía un lugar primordial en su mandato. Para WALLSTROM (2004). Era necesario «reconectar con la gente» e insistió en impulsar la colaboración con las representaciones de la CE con los Estados miembros.

Por otra parte, la presidencia holandesa organizó diversas comidas de trabajo con los ministros para discutir sobre el asunto de «Comunicar Europa» y presentó sus conclusiones sobre la comunicación del Tratado en el Consejo Europeo (4-5 de noviembre de 2004). bajo el epígrafe *Comunicar Europa al Ciudadano;* en el que se hablaba de estudiar la posibilidad de debates públicos televisados sobre asuntos europeos antes de las sesiones del Consejo europeo. «Comunicar el proyecto europeo es responsabilidad de políticos europeos y nacionales y también de que los europeos participen en el proceso de toma de decisiones mediante el debate público y la participación ciudadana», subrayaba el texto.

Por su parte, la CE contestó diciendo que apoyaba la ratificación del tratado y que sería un «*partner* activo» en informar a los ciudadanos sobre el contenido de la Constitución y sus ventajas en relación con los tratados actuales[5], pero Wallström se cubrió las espaldas y diciendo que según el CONSEJO EUROPEO (2004) las campañas relativas a la ratificación son responsabilidad de cada estado miembro. En la nota informativa de Wallström a la Comisión decía que el Ejecutivo comunitario había hecho una significante contribución mediante la distribución de información sobre la Constitución y a través de una serie de herramientas puestas a disposición de los Estados miembros, además de trabajar con multiplicadores clave que aseguraron que la información alcanzara a una audiencia lo más amplia posible. La CE no permanecerá

---

5 Nota informativa de M. Wallstrom a la Comisión. Respuesta a la petición de la presidencia del Consejo sobre la comunicación de la Constitución. Diciembre 2004.

en las orillas durante el curso del debate, hará lo que pueda para asegurar la entrada de la Constitución, mientras respeta los procedimientos de ratificación en los Estados miembros.

Por otro lado, en enero de 2005, el presidente Barroso presentó los Objetivos estratégicos 2005-2009 (Comisión Europea, 2005) en los que se señalaba que la indiferencia hacia la idea europea estaba extendida por los EM, aunque con diferencias. Menos de uno de cada dos ciudadanos europeos votaron en las últimas elecciones europeas. Además, para recobrar la confianza en Europa —dice el documento— se necesita un liderazgo que establezca una visión clara de la dirección que debe llevar la UE y demostrar que sus políticas casan con esa dirección.

En cuanto a los objetivos para los próximos 5 años se fijaron los siguientes:

- Agenda de Lisboa renovada para una prosperidad a largo plazo.
- Conseguir la cohesión entre las regiones.
- Traer beneficios tangibles para la calidad de vida de los ciudadanos con nuevas medidas para mejorar su seguridad y luchar terrorismo, drogas, tráfico personas y crimen organizado.
- Dar a la UE una mayor voz en el mundo con un ministro de Exteriores y un Servicio Diplomático Europeo.

Barroso señaló que los ciudadanos debían entender lo que la UE hace por ellos y las instituciones tenían que estar al servicio de los europeos. Para ello era necesaria una mayor implicación de los parlamentos nacionales y regionales, y sociedad civil con el fin de construir un espacio público europeo lo que ayudará a generar un sentimiento de identidad europea, sobre todo, entre la gente más joven.

La Comisión Europea mantuvo un perfil bajo durante la consulta constitucional y en una nota informativa de la vicepresidenta de la CE, Margot Wallström, a la Comisión comentó que el Ejecutivo comunitario pondrá el acento en los países que requieran su asistencia y explicó que la Comisión pondría en marcha 10 acciones concretas sobre informar sobre la Constitución[6]. En la nota se subraya que la Comisión necesita hacer más para demostrar los beneficios de Europa. Entre las acciones se destacan una amplia distribución de textos gratis de la Carta Magna, una nueva web sobre la Constitución, formación para periodistas, acercarse a estudiantes en edad de votar, programas audiovisuales y encuestas. Además, se exhortó a los comisarios a promover los beneficios de la UE.

6 Information notice from vicepresident Wallstrom to the Commission. Communicating the Constitution: 10 concrete actions by the commission. February 2005. Documento interno de la Comisión.

5.2. El «sí» de España a la Constitución Europea

El primer país en ratificar la Constitución fue España. Para ello se celebró un referéndum el 20 de febrero de 2005 en el que de los 34,5 millones de españoles con derecho a voto solo fueron a las urnas 14 millones (42,3 %). Fue el dato de participación más bajo de las 22 consultas electorales que se habían realizado hasta la fecha en España en el período democrático. Once millones de españoles (76,7 %) votaron SÍ y 2.400.000 personas dijeron NO (17,24 %). Los noes se duplicaron respecto a los sondeos previos, aunque sí confirmaron que en Cataluña (28,07 %), País Vasco (33,6 %) y Navarra (29,2 %) serían superiores a la media nacional.

La abstención fue del 57,7 % y fue mayor en la periferia que en el centro y más fuerte entre las mujeres, jóvenes menores de 25 años, personas con nivel de estudios inferiores, parados y amas de casa. La preocupación sobre la abstención juvenil (3 de cada 4 no acudieron a las urnas) llegó a la Comisión Europea que en el FLASH EUROBARÓMETRO 168 (21-22 febrero 2005) señaló que los jóvenes son el segmento de población que parece más alejado respecto de la política europea. Aunque el 73 % se ha abstuvo en el referéndum, la cifra mejora en siete puntos la participación en las elecciones europeas de unos meses antes (junio de 2004) cuando el 80 % de la población entre 18 y 24 años no se acercó a las urnas en esos comicios.

En cambio, el mayor porcentaje de votantes se encuentra entre los mayores de 55 años. El 59 % acudió a las urnas. La relación directamente proporcional entre participación y edad podría ser el reflejo de las diferencias en términos de cultura política de estas dos generaciones.

En la encuesta se compara la participación declarada en las Elecciones Europeas y la del referéndum que revela la existencia de una abstención «estructural» en cuanto a asuntos europeos se refiere: un 70 % de quienes no votaron en la consulta tampoco lo hicieron en las europeas del 13 de junio de 2004. Este grupo es especialmente numeroso entre los entrevistados de 18 a 24 años, en el que prácticamente seis de cada diez se abstuvieron en ambas ocasiones

Parece que Europa sigue siendo un ente político e institucional del que muchos electores se sienten alejados, aunque reconozcan de manera clara los beneficios que la pertenencia ha comportado para España. Uno de cada dos entrevistados declaró no poseer toda la información necesaria para tomar una decisión antes de ir a votar El estudio de la Comisión parece demostrar que el nivel de información sobre el texto constitucional jugó un papel importante en la movilización del cuerpo electoral: la participación parece que se nutrió de los segmentos que mejor conocían la Constitución y más del 40 % de los abstencionistas afirmaron que no acudieron a las urnas a causa de una deficiente información sobre la Carta Magna.

Tres son las enseñanzas que podían extraerse de la participación española en el referéndum: De un lado la consulta y, en concreto, la abstención, podía ser utilizada desde una perspectiva de confrontación partidista interna como argumento de ataque al Gobierno. De otro, la información era determinante a la hora de movilizar al cuerpo electoral: la abstención parece nutrirse de los segmentos que peor conocen la Constitución y en general, los abstencionistas se refieren sobre todo a la falta de información a la hora de explicar por qué no acudieron a las urnas. Por último, parece existir en un segmento importante de la población española una lejanía respecto de los asuntos europeos que queda claramente reflejada en la relación entre abstención a elecciones Europeas y referéndum. Este alejamiento o desinterés respecto de la política europea se encuentra particularmente asentado entre los más jóvenes Si comparamos los resultados con los de las elecciones europeas de junio de 2004 la participación fue del 45,14 %, y todo esto, según Torreblanca (2005) indicaba que los temas relacionados con Europa interesan poco a la ciudadanía. Y si nos fijamos en los resultados de los otros referenda celebrados en España hasta ese momento: Constitución de 1978 (participación del 67,11 %) o con el de la OTAN en 1986 (59,43 %); la participación en el de la Constitución Europea está por debajo en 17,11 puntos del de la OTAN.

La ausencia de participación en España, según Anduiza (2005), fue un signo de indiferencia más que de rechazo y es el resultado del elevado desconocimiento, según el Barómetro del CIS (enero de 2006): más del 92 % de los encuestados reconocen tener un conocimiento bajo, muy bajo o nulo del Tratado), complejidad del tema, previsibilidad del resultado, actitudes políticas y presiones cruzadas y mensajes contradictorios recibidos por los electores.

En España se votó más por Europa que por la Constitución (FLASH EB 168, 21-22 febrero 2005). Las características generacionales de la participación en la consulta y la denuncia generalizada hacia la campaña parecen confirmar que el voto fue no tanto el producto de una campaña informativa eficaz, sino que obedeció más a razones de compromiso y eurofilia. Si para uno de cada tres votantes españoles el elemento clave que contribuyó a su movilización electoral fue el sentir general sobre la UE (33 %), una proporción algo inferior (26 %) afirma haber acudido a las urnas movido por su opinión sobre la Constitución Europea. En menor medida, la campaña conducida por quienes defendían el «Sí» resultó determinante para un 16 % de los votantes, mientras que la desarrollada por los partidarios del «No» jugó un papel clave sobre un escaso 4 % entre quienes participaron. La vocación europeísta de los españoles, cimentada sobre una buena imagen de las instituciones europeas y un balance extremadamente positivo de la pertenencia a la Unión tuvo un gran peso en la votación. En España teníamos una falsa y quizás utilitarista idea de lo que es Europa, como se ha visto a posteriori tras la reducción de los fondos europeos en los años siguientes. Cuando hay debate y disenso la participación suele ser mucho mayor —casos de Francia y Holanda— pues puede haber incentivos para ir a votar.

5.3. Francia vota no ante la falta de liderazgo y una economía desfavorable

El referéndum en Francia tuvo lugar el 20 de mayo de 2005, tras una campaña con gran repercusión pública, tanto política como mediática. La participación en la consulta popular fue del 70 %, y un 55 % de los franceses rechazaron la Constitución Europea. La consulta puso de relieve la existencia de *dos Francias*: 19 departamentos votaron «sí» —los del oeste del país, Alsacia, los de la región parisiense y los de ultramar— y 25 optaron por el «no», entre ellos los del norte y el sur.

Durante toda la campaña se mantuvo la incertidumbre sobre el resultado pese al apoyo al «sí» de los grandes partidos, aunque había diferencias dentro del Partido Socialista francés donde Laurent Fabius se opuso al Tratado. El debate se centró casi exclusivamente en la Parte III del Tratado («De las políticas y el funcionamiento de la Unión»), pero en realidad versó en buena medida sobre temas no relacionados con el Tratado constitucional, como la adhesión de Turquía.

La campaña, según el informe del gobierno español al Congreso (SEUE; 2006), fue probablemente demasiado larga, desde que el presidente Chirac anunció el 14 de julio de 2004 su intención de convocar un referéndum hasta su celebración el 29 de mayo de 2005.

La ausencia de un mensaje positivo claro aumentó la confusión entre la opinión pública, lo que, unido a un cierto sentimiento de desencanto con algunos líderes sociales y políticos y a una situación socioeconómica desfavorable, se tradujo en que la apuesta por el voto afirmativo distase mucho de resultar convincente para la población. Esta situación, de falta de liderazgo claro a favor del «sí» y de desconfianza hacia la Unión, sirvió de caldo de cultivo —según dicho informe— para el desarrollo de corrientes de carácter populista cuyo denominador común era el rechazo a «esta» Europa, con la idea de que, de un modo u otro, supuestamente, «otra» Europa podía ser posible.

El «no» francés puede interpretarse como una demostración del desfase existente entre las instituciones y los ciudadanos; fue la prueba de que la construcción de Europa no puede realizarse sin los ciudadanos y de que la clase política debía asumir su cuota de responsabilidad a la hora de acercar la realidad europea a la sociedad, así como las consecuencias de no hacerlo», señala el estudio gubernamental.

Las diferentes «fracturas» de la sociedad francesa apuntan de manera inquietante hacia el carácter elitista del proyecto europeo. La diferencia «de escalas de referencia» entre las motivaciones del «sí» y las del «no» nos hacen cuestionarnos la propia pertinencia de Europa dentro de la globalización. La falta de conocimiento sobre los asuntos europeos, unida a la falta de debates fuera de los períodos de referéndum, ponen de manifiesto los puntos débiles de la práctica democrática en el seno del espacio público europeo (Ricard-Nihoul, 2005).

5.4. Holanda dice «no» con alta participación

Tres días después de la consulta francesa, el 1 de junio de 2005, se celebró el referéndum en los Países Bajos con una alta participación en el mismo: el 63 % del censo electoral acudió a las urnas y el 62 % de los votantes se pronunció en contra del texto propuesto, una proporción superior en siete puntos al «no» francés.

Los votantes más jóvenes y los trabajadores manuales fueron los grupos que se opusieron en mayor proporción a la ratificación del Tratado constitucional, así como los habitantes de los municipios más deprimidos. Podría decirse que, al igual que en Francia, el grupo de población sin conciencia de la guerra y del significado de la Unión Europea como idea superadora del conflicto fue el más crítico con las instituciones y el funcionamiento de la Unión. (SEUE, 2005) En cuanto al voto de los trabajadores menos cualificados y de los residentes en las zonas más deprimidas, hay que tener en cuenta que se trata de los sectores de población más fácilmente influenciables por el temor a ser desplazados por una mano de obra inmigrante barata y, en el caso de las regiones y municipios, a perder total o parcialmente las ayudas que vienen recibiendo de la Unión, en favor de zonas aún menos prósperas de los nuevos Estados miembros.

Entre los electores votaron afirmativamente al Tratado constitucional destacan dos muy concretas: la percepción de la Constitución Europea como instrumento esencial para hacer avanzar la construcción europea y su presentación como garantía para el funcionamiento de las instituciones de la Unión Europea ampliada.

Los votantes que rechazaron el Tratado lo hicieron por el temor a las consecuencias que la creciente entrada de inmigrantes pudiera tener sobre la estructura sociolaboral neerlandesa, miedo agravado por la polémica sobre el ingreso de Turquía en la Unión Europea.

El estancamiento económico de los últimos años y el encarecimiento de los precios, percibido especialmente a raíz de la adopción del euro también pesaron en el «no» holandés; a lo que habrá que añadir la extensión por todas las capas de la población del sentimiento de estar financiando de forma desproporcionada instituciones que han dejado de ser útiles y políticas que se vienen percibiendo como progresivamente desfavorables a los intereses de Países Bajos y de sus ciudadanos.

La campaña para el referéndum (SEUE, 2005) comenzó demasiado tarde y se orientó de forma equivocada, sin atender a las verdaderas preocupaciones de una sociedad que en esos momentos estaba en plena crisis de identidad y traumatizada por el asesinato del cineasta Theo Van Gogh a manos de un fanático musulmán.

Por su parte, el Ministro de Asuntos Exteriores de Países Bajos, Sr. Bot, en el curso de una conferencia en la Universidad Carolina de Praga, el 3 de noviembre, indicó que las razones del «no» fueron las siguientes: a) la sensación de los ciudadanos de que no son tenidos en cuenta a la hora de tomar decisiones en la UE, b) el miedo a una burocracia «anónima» que actúa en detrimento de la propia identidad cultural y de la soberanía nacional, c) la reafirmación de las «libertades individuales» (sic; refiriéndose probablemente a quienes se oponen al actual modelo de integración europeo porque lo identifican con un instrumento más de la globalización) y d) la excesiva contribución de Países Bajos al presupuesto comunitario («un holandés paga cinco veces más que un danés»).

5.5. Se abre un proceso de reflexión

Las instituciones europeas emitieron una Declaración (1 junio 2005) en la que dijeron respetar los noes francés y neerlandés, y al referirse a este último comentaron que la respuesta tras un debate rico e intenso merecía un profundo análisis al que sería preciso dedicar el tiempo necesario. La Declaración (1 junio 2005) finalizó indicando que, durante el primer semestre de 2006, se procedería a una valoración de los resultados en un proceso de reflexión y a acordar los próximos pasos de ese proceso. En Londres ni se esperó al Consejo Europeo del 16 de junio para tomar una decisión sobre la ratificación de la Constitución Europea. El Gobierno británico anunció oficialmente el 5 de junio de 2005 (Allende, 2005) su decisión de posponer el referéndum sobre la Constitución europea, previsto para la primavera del 2006, pero tuvo cuidado en darle el portazo definitivo, ya que se reservó el derecho de consultar a los electores «de cambiar las circunstancias». Los recientes fracasos en Francia y Holanda, junto al aumento de la oposición en el Reino Unido, llevaron a Tony Blair a tomar esa decisión que empujaba aún más al texto constitucional a un abismo. Fue el ministro de Exteriores británico, Jack Straw, el hombre elegido para comunicar en los Comunes «la insensatez» que supondría colocar una fecha para un referéndum sobre la Constitución en un país en el que la mayoría de la sociedad y de sus políticos la dan por muerta. «No existe razón para fijar una fecha de un referéndum tras el no de Francia y Holanda, en estos momentos existen muchas dudas. Nos reservamos el derecho de introducir de nuevo el proyecto de ley sobre el referéndum cuando hayan cambiado las circunstancias políticas en el continente», añadió.

El Consejo Europeo (16-17 de junio de 2005) abrió una grave crisis en el seno de la Unión Europea al no haber unanimidad en la respuesta a la crisis constitucional lo que abocó al proyecto de integración europeo a una muy profunda crisis. En las conclusiones del Consejo no se hizo mención alguna al rechazo francés y holandés a la consulta, ni se puso en tela de juicio la continuación de los procesos de ratificación. El Consejo solo aprobó la declaración en la que se pedía un período de reflexión tras los «noes» francés y holandés.

El fracaso en la ratificación de la Constitución Europea no se puede achacar solo a la PIC, que siempre es mejorable, sino, sobre todo, a los propios gobiernos de los Estados miembros que fueron los que lideraron los procesos de consulta en sus propios países y quienes impidieron una votación al unísono en toda la UE.

6

COMISIÓN BARROSO: ESTRATEGIA DE COMUNICACIÓN CENTRADA EN LOS CIUDADANOS

El presidente de la Comisión, Durao Barroso y la vicepresidenta Margot Wallstrom tuvieron que lidiar con el problema del rechazo del tratado Constitucional en las consultas de Francia y Holanda, y con el llamado período de reflexión, que proponía un amplio debate en los estados miembros con los ciudadanos, partidos políticos y sociedad civil, tras la derrota de la Carta Magna.

La confianza en la UE había disminuido en la primavera de 2005 (Standard Eurobarometer 63 Spring, 2005), seis puntos respecto al año anterior, situándose en el 44 %. El 53 % creía que su voz no contaba en la UE, sin embargo, el 49 % deseaban un mayor papel de la UE, y solo un 14 % piensan que debe implicarse menos en los principales ámbitos políticos.

Es una tarea crucial, pues las instituciones europeas sirven demasiado a menudo de chivo expiatorio de decisiones impopulares y son vistas muchas veces como algo lejano y burocrático. Uno de los principales objetivos del período de reflexión debería ser una comunicación más cuidadosa de las actividades de la Unión Europea. Un cambio importante y necesario es acabar con ese juego de culpar a los demás, tanto por parte de los Estados miembros como de las Instituciones europeas.

6.1. Plan de Acción para conectar con los ciudadanos

El 7 de julio tuvieron lugar los atentados yihadistas en Londres que causaron 52 muertos durante la presidencia de turno de la UE en manos del Reino Unido. Un par de semanas después la Comisión aprobó su Plan de Acción para mejorar la comunicación sobre Europa de la Comisión Europea (2005) propuesto por Wallström, como responsable de Relaciones Institucionales y Estrategia de la Comunicación.

En septiembre de 2005 Wallström tuvo un encuentro con 50 directores de televisiones regionales de la UE en el Comité De Las Regiones (2005) donde admitió las equivocaciones que había cometido la Comisión y se disculpó por la arrogancia de las instituciones. «Ahora es el momento de tender puentes para reducir el gap de conocimiento a nivel regional y local», explicó.

Las 50 medidas propuestas en el Plan de Acción estaban dirigidas a profesionalizar y modernizar los métodos de comunicación de las políticas europeas con la prioridad de iniciar un diálogo con los ciudadanos, coordinar mejor las actividades de comunicación de la Comisión con mayor profesionalización y un uso mejor de las herramientas de comunicación.

La Comisión aprobó un nuevo enfoque de la comunicación sustentado en tres principios:

1. Escuchar. No solamente informar a los ciudadanos de la UE sino también escucharlos, y tener en cuenta sus opiniones.
2. Comunicar cómo las políticas de la UE afectan a la vida cotidiana de los ciudadanos y el valor añadido que suponen.
3. Conectar con el ciudadano a escala local, adaptando los mensajes a las audiencias de cada Estado miembro y transmitiéndolos a través de los canales que estas audiencias prefieren y en la lengua que comprenden.

La política de comunicación de la Comisión y el Parlamento dio un vuelco con más recursos humanos y financieros para sus Direcciones Generales de Comunicación, con el fin de mejorar la información que aparecía en los medios de comunicación e interaccionar directamente con la ciudadanía (Hernández Ruiz, 2024).

La Dirección General de Comunicación de la Comisión dependía de la comisaría dedicada a los asuntos de Ciudadanía, y era diferente al equipo de portavoces, que dependía directamente de la presidencia (Hernández Ruiz, 2018, p.147). Con objeto de escuchar al ciudadano y de conocer sus expectativas, la Dirección General de Comunicación efectuaría un trabajo de investigación sobre los eurobarómetros, los medios de comunicación, la información facilitada por las representaciones de la Comisión en los Estados miembros, los puntos de contacto y los enlaces de información y los procesos de consulta; con el fin de evaluar si acciones llevadas a cabo son eficaces, rentables y pertinentes.

El servicio del portavoz sería el encargado de las relaciones con los medios de comunicación, a los que explicaría las prioridades políticas de la Comisión, elaboraría un calendario de información destinada al público en general y refutará la información falsa. Por último, le correspondería la tarea de revisar los comunicados de prensa, con objeto de reducir su número, mejorar su calidad y adaptarlos a los públicos locales.

Las representaciones de la Comisión en los Estados miembros identificarán a los públicos destinatarios, sondearán sus expectativas y responderán a ellas en la lengua de los interesados. Con objeto de incrementar el impacto de las representaciones de la Comisión en los Estados miembros, la Comisión propuso fomentar la visita de comisarios a los Estados miembros, en particular a los medios de comunicación regionales y locales.

6.2. Plan D (democracia, diálogo y debate)

La vicepresidenta también se dirigió a la Comisión de Cultura y Educación del Parlamento Europeo (2005) donde anunció la presentación del Plan D (Comisión Europea, 13 de octubre de 2005) que a medio plazo ayudaría a establecer un nuevo marco de relaciones con los europeos y, por último, de un Libro Blanco sobre la Comunicación y la Democracia en la UE.

El Plan D no será una operación de rescate de la Constitución, sino que busca fomentar un debate más amplio entre las instituciones democráticas de la Unión Europea y los ciudadanos. Debe contemplarse como una acción complementaria de otras iniciativas o programas, en curso o propuestos, por ejemplo, en materia de educación, juventud, cultura y promoción de una ciudadanía europea activa.

El Plan D encajó perfectamente con el Plan de Acción sobre comunicación, que intenta mejorar la manera en que la Comisión presenta sus actividades al mundo exterior, y con el próximo Libro Blanco sobre estrategia de la comunicación y democracia, con el que se dará inicio a un proceso de consulta sobre los principios que sustentan la política de comunicación de la Unión Europea y los ámbitos de cooperación con las demás Instituciones y órganos europeos.

Junto al Plan D, estas iniciativas planteaban un plan a largo plazo para robustecer la democracia europea y contribuir a la creación de un espacio público europeo, en el que los ciudadanos reciban la información y las herramientas necesarias para participar activamente en el proceso de decisión y asumir el proyecto europeo.

Los elementos principales del Plan D

1. Fomentar el debate: todos los Estados miembros se comprometieron a mantener grandes debates nacionales sobre el futuro de Europa. El papel de la Comisión fue el de establecer un marco común para los 25 países a nivel de procedimientos y temas centrales a debatir.
2. El proceso de respuesta (feedback): el 9 de mayo de 2006 se celebraría una Conferencia Europea sobre el futuro de Europa, en la que se pondrán en común las principales conclusiones de los debates. La

Comisión elaborará un informe de síntesis para el Consejo Europeo de junio de 2006 (Presidencia austriaca). En definitiva, este proceso debería producir una hoja de ruta concreta para el futuro de Europa.

3. Principales iniciativas para reforzar el diálogo: la Comisión propuso 13 iniciativas específicas a nivel europeo para fomentar un gran debate público, promover la participación de los ciudadanos y generar un diálogo auténtico sobre las políticas europeas. Cabe destacar algunas actuaciones: visitas de los Comisarios a los Estados miembros, el apoyo a los proyectos de los ciudadanos europeos, promover la transparencia de las deliberaciones del Consejo, mayor presencia de los Comisarios en los Parlamentos nacionales, creación de una red de «embajadores europeos de buena voluntad» que den mayor relieve al debate, mayor apoyo a proyectos destinados a aumentar la participación electoral. Estas iniciativas se llevarán a cabo durante el mandato de la Comisión Barroso y en años sucesivos.

La Comisión también apoyó el proyecto «Ciudadanos por Europa» con la finalidad de hacer frente a la imagen de falta de legitimidad y de ausencia de participación de los ciudadanos europeos es preciso mejorar su sensación de implicación y compromiso con el ideal europeo a todos los niveles. En el plan también se apoya una mayor transparencia en las instituciones públicas, sobre todo, del Consejo; y por aumentar la participación electoral ya que el bajo nivel de participación en las elecciones tanto europeas como nacionales y locales refuerza la sensación de falta de legitimidad en el proceso político.

6.3. Libro Blanco sobre una Política Europea de Comunicación

Dos meses más tarde, en febrero de 2006, con el objetivo de establecer una mejor comunicación entre los ciudadanos y los responsables políticos de la UE, aparece el Libro Blanco sobre Política de Comunicación Europea (Comisión Europea, 2006), que propone un cambio del enfoque centrado en las instituciones para poner al ciudadano en el centro de atención. El objetivo del Libro Blanco es lanzar un amplio proceso de consultas en cinco áreas: definir los principios comunes de la comunicación en asuntos europeos, potenciar a los ciudadanos, trabajar con los medios y las nuevas tecnologías, comprender la opinión pública y hacer el trabajo juntos. El proceso de consulta durará seis meses, hasta julio. La Comisión resumirá entonces las respuestas y sacará conclusiones con vistas a proponer un plan de acción para cada área.

El libro apuesta por una comunicación bidireccional que dice es esencial para una democracia sana porque la democracia sólo puede prosperar si los ciudadanos saben lo que ocurre y pueden participar plenamente. El Ejecutivo comunitario se da cuenta que lo principal es dar respuestas políticas adecuadas a las necesidades y preocupaciones de los ciudadanos sin dejar de lado el complemento de la comunicación. La Comisión reconoce que los ciudadanos esperan que Europa les ofrezca es prosperidad, solidaridad y seguridad frente a la mundialización. «Por lo tanto —según indica el Libro Blanco— es esencial para cualquier política de comunicación que la UE cuente con un programa político efectivo, pero un programa no es suficiente por sí mismo». Sin embargo, la propia Comisión Europea (1 febrero de 2006) matiza que, para salvar la distancia entre los ciudadanos y los responsables políticos, la solución en gran medida reside en una mejor comunicación, no sólo por parte de Bruselas, sino también de las autoridades públicas nacionales y otras partes interesadas. Y añade, con poca autocrítica e incidiendo en el mismo error de años anteriores, «que el mero hecho de aportar beneficios a los ciudadanos no es suficiente. La UE hace muchas cosas beneficiosas de las que el público no tiene conocimiento. Asimismo, hace otras que suscitan controversia y originan críticas. Resulta esencial mejorar la comunicación para que el público esté mejor informado y los responsables de la UE sintonicen más con la opinión pública».

La Comisión Europea encargó una encuesta sobre el futuro de Europa en los 25 EM. En el Eurobarómetro sobre los ciudadanos europeos y el futuro de Europa (5 de mayo de 2006), y en él se muestra el fuerte deseo de los ciudadanos de Europa de una mayor intervención de la UE en numerosos ámbitos. También muestra las principales preocupaciones de los ciudadanos, como el desempleo, la seguridad, la responsabilidad de las instituciones y las futuras ampliaciones. Un dato negativo es que sólo el 49 % de los europeos ven la UE como algo bueno y la ven como burocrática el 49 % e ineficiente el 43 %.

6.4. Una Agenda para los ciudadanos

La Comisión Europea (10 de mayo 2006) presentó su Agenda para los ciudadanos encaminada a suscitar cambios reales en la Europa de los ciudadanos. Las expectativas de los ciudadanos de la UE han crecido en 50 años «Quieren saber más de lo que Europa hace y cómo lo hace, y participar en ello. Ven a la UE importante, pero remota», reza la Agenda. Las expectativas públicas depositadas en la Unión Europea han crecido en 50 años. Los ciudadanos «quieren saber más de lo que Europa hace y cómo lo hace, y participar en ello. Ven a la UE importante, pero remota» (Comisión Europea,10 de mayo 2006) y no habrá confianza en que Europa pueda satisfacerlas si ésta no ofrece soluciones que tengan incidencia directa en la vida de los europeos. La agenda debe conducir a un mercado único abierto y en pleno funcionamiento, fomentar la solidaridad, las oportunidades, el acceso y la sostenibilidad, así como incrementar la seguridad. El Tratado Constitucional pretende ayudar a salvar este vacío y la Comisión sigue respaldando sus principios y valores, así como las mejoras que quiere aportar a la eficacia, apertura y responsabilidad de la UE. Quince Estados miembros habían ratificado el Tratado constitucional, aunque los electorados de dos Estados miembros habían votado «no» en sendos referenda, pero no había consenso sobre los próximos pasos.

La Agenda sienta las bases para que el Consejo Europeo de junio de 2006 decida poner en marcha un proceso paralelo en el que se aborden las cuestiones institucionales pendientes y se definan políticas concretas.

7

LISBOA: UN TRATADO BIZANTINO DESPOJADO DEL SIMBOLISMO CONSTITUCIONAL

Para salir del impasse institucional tras el fracaso del referéndum sobre la Constitución Europea, la Cumbre de junio de 2007 dio lugar a un tratado simplificado que recogía algunas de las innovaciones constitucionales: creación de la figura de un Alto Representante para Asuntos Exteriores y Política de Seguridad, una presidencia del Consejo más estable (dos años y medio), aumento del poder de los parlamentos nacionales, supresión del veto en 51 materias y una Carta de Derechos Fundamentales vinculante. Sin embargo, el tratado perdió el simbólico apellido de constitucional y desaparecieron del texto el himno, la bandera y el Euro.

7.1. Irlanda dice «no» al Tratado de Lisboa

Los problemas no desaparecerán pues en junio de 2008 Irlanda dijo «no» a la ratificación del Tratado de Lisboa. Durante la campaña sobre la consulta popular primaron argumentos como la pérdida de privilegios fiscales o la neutralidad del país sobre los más de 50.000 millones de euros que había recibido Dublín de la Unión Europea, que le colocaron, antes de la crisis, como segundo país más rico del continente. Los partidarios del *no* a Europa siempre son más cercanos y venden argumentos relacionados con las preocupaciones ciudadanas; mientras los del *sí* hablan en abstracto y sobre asuntos institucionales que muchas veces no entiende el ciudadano común. Fue una lucha entre el populismo y la tecnocracia, con un vencedor más que seguro por la motivación y el atractivo de la argumentación euroescéptica frente a los defensores de Lisboa, un tratado complejo y bizantino. Paradójicamente, la reforma institucional que había nacido para acercar Europa a los ciudadanos consiguió el efecto contrario.

7.2. Récord de abstención en las elecciones de 2009

Las elecciones de 2009 tuvieron la mayor abstención desde el año 1979. El 57 por ciento de los europeos decidieron no acudir a las urnas para elegir a sus representantes en la Eurocámara. La vicepresidenta Wallström, echó la culpa al exceso de debates domésticos. Sin embargo, desde nuestro punto de vista también hay otros factores que pudieron favorecer esa participación tan baja: la falta de partidos transeuropeos que tuvieran unos rostros fácilmente identificables por los ciudadanos; la inexistencia de debate sobre asuntos europeos y la continua búsqueda de consensos que hace que la política europea sea poco atractiva; y la escasa politización de los comicios al no existir un contrincante a la derecha y otro a la izquierda del espectro político europeo que apostase por hacerse con la presidencia de la Comisión Europea. El liderazgo era escaso y la publicidad institucional sustituyó a la inexistencia de unos medios de masas transeuropeos. Los electores europeos no eligen directamente un gobierno, y quienes lo hacen son los jefes de Estado y de Gobierno de los Estados Miembros teniendo en cuenta el resultado de los comicios. Además, la preocupación principal de los ciudadanos era el desempleo y la crisis económica; materias en las que la UE actuaba de manera intergubernamental.

Pese a que Durao Barroso volvió a ser elegido como presidente de la Comisión, la participación electoral mostró que la PIC volvía a fracasar una vez más, pese a que el diálogo con los ciudadanos puso las bases para una esfera pública europea.

7.3. En busca de una esfera pública europea

La esfera pública en la que se desarrolla la vida política europea es en gran parte una esfera nacional y en los casos en que se hace referencia a asuntos europeos, éstos son considerados por la mayoría de los ciudadanos desde una perspectiva nacional. Los medios de comunicación siguen siendo predominantemente nacionales, debido en parte a las barreras del idioma; existen pocos foros donde europeos de diferentes Estados miembros puedan encontrarse para abordar asuntos de interés común.

Muchas de las decisiones políticas que afectan a la vida cotidiana del ciudadano de la UE se adoptan a nivel europeo, pero la gente se siente alejada del proceso de toma de decisiones y de las instituciones de la UE; existe un sentimiento de alienación con respecto a «Bruselas» que refleja, en parte, el desencanto ante la política en general. Una razón de esto es el desarrollo inadecuado de una «esfera pública europea» en la que pueda desarrollarse un debate europeo. Los ciudadanos piensan a menudo que tienen pocas oportunidades de hacer valer sus opiniones en los asuntos europeos y que no existe ningún foro obvio en el que poder discutir estos problemas juntos. Todavía está desarrollándose una cultura política paneuropea, con partidos políticos y fundaciones paneuropeas.

Europa también necesita encontrar su lugar en las «esferas públicas» nacionales, regionales y locales existentes y la discusión pública en los Estados miembros debe profundizarse, y esto es responsabilidad, ante todo, de los poderes públicos de los Estados miembros. La responsabilidad de los gobiernos nacionales, regionales y locales es consultar e informar a los ciudadanos sobre las políticas, incluidas las políticas europeas y su impacto en la vida cotidiana, y establecer foros que animen este debate. Ese interés por incorporar la dimensión europea al debate nacional se consiguió en la etapa de la crisis económica y en parte también durante la pandemia de la Covid-19. Los poderes públicos nacionales, las organizaciones sociales y las instituciones de la UE necesitan colaborar para desarrollar el lugar de Europa en la esfera pública.

En la Segunda Comisión Barroso desapareció la Comisaría responsable de Relaciones Institucionales y Estrategia de Comunicación y esas competencias se incluyeron en Comisaría de Justicia, Derechos Fundamentales y Ciudadanía, dirigida por Viviane Reding con el objetivo de acercarse y promover la ciudadanía europea. En 2010 se publicó el Informe sobre la ciudadanía de la UE para eliminar los obstáculos a los derechos de los ciudadanos de la UE y en 2013, se conmemoró el Año de la Ciudadanía Europea. La PIC cambió en algunos aspectos generales para dar un mayor protagonismo al presidente de la Comisión Europea, a las nuevas tecnologías al mejorar los equipos de las páginas web del presidente y sus comisarios; y también se creará un grupo de trabajo para las redes sociales de la Comisión.

8

LA LLEGADA DE LAS REDES SOCIALES Y DE LOS ROSTROS POLÍTICOS EUROPEOS

Desde 2007 a 2015 solo hubo un documento estratégico de comunicación (Comisión Europea, 3 octubre de 2007) de la UE con el fin de buscar sinergias entre las actividades realizadas por las instituciones y los Estados miembros. Sin embargo, en los últimos años han surgido nuevos factores que cambian el panorama mediático y político como la irrupción de las redes sociales, un nuevo espacio público en el que compiten las ideas, se intercambian experiencias y se ejerce la ciudadanía política; la politización de las elecciones europeas de 2014 y la presentación de candidatos de los partidos políticos europeos que dieron lugar al primer presidente de la Comisión votado por los ciudadanos.

8.1. La irrupción de las redes sociales

La política mediática tiende a la personalización y al espectáculo. La UE no es ajena a este proceso ni tampoco a que la comunicación de masas se transforma con internet y la web 2.0. Las redes sociales hicieron saltar de manera parcial las fronteras de las opiniones públicas nacionales y se desarrolla un espacio importante para una élite política supranacional (Vidal-Folch, 2014). Las nuevas tecnologías también jugaron un papel importante al extender la participación interactiva y a la hora de que las organizaciones de la sociedad civil apostaran por la proactividad de abajo-arriba.

La Comisión utilizaba Facebook, blogs como los de Wallstrom y Pielbags, un canal propio de vídeos en YouTube e incluso usó aplicaciones gratuitas para móviles y tabletas con el fin de promocionar sus políticas entre los más jóvenes. En Europa, las instituciones europeas fueron pioneras en la realización de la comunicación institucional a través de internet y las redes sociales; y se debe a que, en 2009, tras la baja participación en las elecciones europeas, los dirigentes europeos comprendieron la necesidad de dar a conocer Europa a la sociedad. Desde entonces las instituciones europeas promueven un espacio público europeo —blogs y redes sociales— para llevar la información europea a quien en su vida diaria no se interesa por ella.

Las instituciones europeas tenían muchos seguidores en las redes sociales, sobre todo el Parlamento Europeo, que contaba en ese momento con más de dos millones de seguidores en Facebook; sin embargo, el grupo mayoritario de seguidores eran los de Bruselas, aunque las Representaciones de las instituciones en los estados miembros suplían en parte ese problema.

Bruselas coordinaba de manera semanal sus contenidos editoriales con las Representaciones de los Estados Miembros; se planificaban las acciones vinculadas a las prioridades de la Comisión, pero aun así había bastante autonomía para las actividades propias de cada Representación; con una tasa de *engagement* más alta en twitter que en facebook, y con interactuaciones entre la Comisión y los ciudadanos.

Las innovaciones de las redes sociales y los nuevos medios no pueden compensar la carencia de un compromiso político significativo o la participación del pueblo en un proyecto europeo liderado por las elites. Las redes pueden ayudar a expandir el entendimiento mutuo y la participación interactiva a la que aspira la UE, pero los responsables políticos y los productores de contenidos de los medios necesitan comenzar a dar más crédito a la inteligencia de las audiencias. El escepticismo sobre la naturaleza de la dirección de la integración europea no debe ser despedido como las declaraciones incultas de un público ignorante que necesita ser más consciente de lo que UE hace por sus ciudadanos (Podkalicka y Shore, 2010).

8.2. La politización de las elecciones y la figura del Spitzenkandidaten

Una de las grandes preocupaciones de la UE en los últimos años ha sido cómo mejorar su política de comunicación hacia los ciudadanos para poder explicar qué decisiones toma cada día y por qué son importantes. Esta preocupación se acentúa cada vez que se aproximan unas elecciones europeas, como ocurrió en las celebradas entre el 22 al 25 de mayo de 2014. De nuevo esta vez el principal enemigo a batir era la alta abstención —hasta ese momento en torno al 50 por ciento—, provocada por el desinterés, el desconocimiento y la lejanía que buena parte de los ciudadanos decía sentir respecto a lo que se decide en Bruselas.

Para superar la situación el Parlamento Europeo comenzó en septiembre de 2013 una campaña informativa «Acción. Reacción. Decisión» para intentar fomentar el conocimiento de los ciudadanos sobre el Parlamento Europeo —y por extensión sobre la UE— e incentivar la participación en el voto. Sin embargo, en esa ocasión había un hecho diferencial; y es que, en paralelo a la campaña institucional, los partidos políticos europeos podrían hacer por primera vez una campaña paneuropea con sus respectivos candidatos a presidir la Comisión Europea.

Los cinco principales partidos políticos a nivel europeo pudieron defender sus propuestas y programas con una cara y un nombre concretos, de manera que fuesen más identificables por el ciudadano y con el fin de «politizar» la elección del presidente de la Comisión. Para Skrzypek (2013a) hay dos razones políticas y una estratégica para defender la elección de Spitzenkandidaten. Las dos políticas son crear las circunstancias para hacer progresar el proceso de profundización de la democracia europea, y reforzar el sistema de partidos políticos europeos. La estratégica (Skrzypek, 2010) es ofrecer una cara en la agenda política, que pueda polarizar al electorado, exponer las diferencias entre los partidos, ayudar a los votantes a entenderlas y provocar emociones, necesarias para hacer que la gente vote y apoye. Un candidato común, además, obligará a los partidos políticos nacionales a hacer campaña para él, explicar su programa, defender sus posicionamientos con argumentos comprensibles para su público y explicar la existencia y utilidad de los partidos políticos europeos. Sin embargo, esta candidatura común no se vio reflejada en la campaña de los partidos políticos nacionales.

La apuesta por la politización de la Comisión fue criticada por Grabbe y Lehne (2013), que defendían que el presidente de la Comisión «debía ser un árbitro del juego político y no el capitán de uno de los equipos» y alertan sobre el peligro que un presidente de la Comisión elegido por los grupos políticos en el Parlamento Europeo podría generar nuevas batallas institucionales entre el Parlamento, la Comisión y el Consejo. Otros creían que una mayor politización de la Comisión sería positiva, para acercar más esta institución esencialmente burocrática al sentido democrático y a los ciudadanos. «Pero —según Ortega (2014)— es una institución que requiere para su buen hacer de independencia y estos cambios la trastocan. Hay carteras, como la de la Competencia que, desde luego, exigen estrictamente esta independencia, y podrían perfectamente estar fuera de la Comisión».

La democratización de la Unión Europea a través de la personalización de las elecciones puede dar lugar según Aixalà (2014) a la «presidencialización» del sistema parlamentario de la Unión Europea, llamar la atención de los electores y de los medios de comunicación. Según el Eurobarómetro Estándar (2013), un 55 % de los europeos se mostraron más proclives a ir a votar si así podían decidir el nuevo presidente de la Comisión, pero no hubo un incremento de la participación: un 42,61 % de los electores acudieron a las urnas, tres décimas menos que en 2009. Aun así, los resultados de unos comicios que se desarrollaron en una grave situación de crisis económica; no parecen en este sentido tan negativos pues se logró mantener más o menos la misma participación que cinco años atrás. Sin embargo, si se observa una fractura cada vez más profunda entre los países de la antigua UE-15 y los países que se adhirieron a la Unión después de 2004. Mientras que la participación se recuperó ligeramente en la UE-15, bajó en el resto de los países (AIXALÁ, 2014).

9

JUNCKER VISIBILIZA LA CONTIENDA POLÍTICA

Tras la elección en 2014 de Jean Claude Juncker como presidente de la Comisión puede decirse que hubo mayor transparencia, que los comisarios tuvieron que rendir cuentas, y que se ha hizo visible la contienda política sobre todo con la crisis de los refugiados, el Brexit y el ascenso de los populismos. Aunque la Comisión es un colegio y las decisiones se toman por consenso, Juncker dispuso de un plus de legitimidad democrática del que carecen los comisarios y de una personalización del cargo, que como explica ORTEGA (2014), deriva, además, del gigantismo, del exceso en el número de comisarios: uno por país. El presidente de la Comisión fue muy taxativo en su primer Discurso sobre el Estado de la Unión: «Quiero liderar una Comisión política. Una Comisión muy política».

Previamente, la Comisión Juncker recogió sus retos en el documento «Un nuevo comienzo para Europa: mi agenda en materia de empleo, crecimiento, equidad y cambio democrático» en el que manifestó varias preocupaciones (COMISIÓN EUROPEA, 15 julio de 2014): «considero que es mi tarea esencial reconstruir puentes en Europa después de la crisis. Se trata de restablecer la confianza de los ciudadanos europeos, centrar nuestras políticas en los principales desafíos a los que se enfrentan nuestras economías y nuestras sociedades, y reforzar la legitimidad democrática sobre la base del método comunitario».

La nueva Comisión apostó por «hacer más en las grandes cosas y menos en las pequeñas» (BORCHARDT, 2016; DAWSON, 2019), y se comprometió a poner en marcha en 2015 diez grandes medidas que podían agruparse en: un plan de inversiones para Europa, la profundización de la unión económica y monetaria, una unión europea de la energía, un enfoque fiscal más equitativo y que se combatiese mejor la evasión, una agenda europea de migración, y un paquete de medidas sobre el mercado único digital y la sociedad del conocimiento.

Entre las novedades del nuevo ejecutivo comunitario cabe destacar a los 7 vicepresidentes, que concentraban las áreas de poder y coordinaban grupos de comisarios, enfocados hacia las 10 grandes prioridades.

La Dirección General de Comunicación (DG COMM) pasará a estar bajo el control del presidente de la Comisión y según HERNÁNDEZ RUIZ (2024) «permite que la comunicación se alinee con la agenda política del presidente y que no dependa tanto de las prioridades individuales de un comisario encargado de conseguir que el proyecto de integración europeo resulte más atractivo para la ciudadanía». El equipo de portavoces se coordina con la DG COMM de manera continua para pactar los contenidos de la estrategia de comunicación, pero se encuentra orgánicamente diferenciado y depende de la presidencia de la Comisión (HERNÁNDEZ RUIZ, 2024). Por su parte, el Parlamento Europeo también contará con su propia Dirección General de Comunicación. Ambas instituciones tratarán de coordinar los mensajes.

9.1. Una Comisión más política

La comunicación se centró en qué hacía Europa, en que hubiera debate y con más propuestas al Parlamento. Según HERNÁNDEZ RUÍZ (2015), «la nueva Comisión, a diferencia de las de Barroso, parece que se inclinaría un poco más por la acción política como eje para poder comunicar y no solo por la eficacia comunicativa en sí misma, gracias a la politización de la Comisión».

La idea de Juncker fue que no hubiese compartimentos estancos o políticas de silo. El presidente abogó por una estructura más transversal que sirviera para visionar mejor las prioridades de la Comisión, con una apuesta mayor por las redes sociales y por el rol de las representaciones para llegar a otros públicos. Como señala HERNÁNDEZ RUIZ (2015) «la comunicación ya no sería una política en sí misma, no habría una línea de trabajo destinada específicamente a divulgar y hacer llegar Europa en el día a día como objetivo último —aunque continúen muchas acciones concretas en esta línea, pero complementarias a la principal; en su lugar, el cometido central sería transmitir con efectividad a la opinión pública las acciones que impulsa la nueva Comisión».

Jüncker entendió que no sólo no era imprescindible, sino que quizás ni tan si quiera era necesario cambiar con nuevas estrategias la Política de Información y Comunicación con el fin de generar más debate y participación electoral. Lo importante no es el conocimiento exhaustivo del funcionamiento institucional, sino que Bruselas hiciera políticas eficaces, con un presupuesto adecuado, que no generase falsas expectativas y que se acercara a las prioridades de los ciudadanos y no a las de las elites europeas. La agenda de la Comisión Jüncker se vio dominada por la situación de la deuda griega, mientras que, en el ámbito de la migración, la UE se enfrentó a una escalada de la crisis, que dio lugar a llamamientos en favor de una respuesta europea más firme y concertada, y al referéndum del Brexit que ganaron los partidarios de dejar la UE. Como bien explicaba el entonces portavoz y director general de Comunicación del Parlamento Europeo, Jaume DUCH[7], «a la gente no le interesan las instituciones si no lo que hacen las instituciones»; y como subrayaba la periodista, Victoria MARTÍN[8], que sus políticas «vayan acompañadas de una nueva narrativa y un marco interpretativo de la realidad en clave europea».

9.2. La policrisis de la UE: euro, refugiados, terrorismo, Brexit y Trump

La multitud de crisis que azotaron a la UE, algunas de ellas antes de que Jüncker asumiera el cargo como la económica, acentuaron la sensibilidad política de la integración europea y las tensiones entre el Norte y el Sur. La crisis del euro puso a prueba la determinación de la UE a la hora de rescatar a otros Estados miembros, de implementar reformas dolorosas y de responder a los altos y persistentes niveles de desempleo (juvenil). El gobierno griego sometió a referéndum en julio de 2015 las condiciones del rescate propuesto por la troika (Comisión Europea, Fondo Monetario Internacional y BCE) ante la imposibilidad de llegar a un acuerdo en las negociaciones con sus acreedores. entre el gobierno griego de Syriza y sus acreedores antes de finales de junio de 2015. Pese a que el 61 % de los griegos votó «no» a los ajustes exigidos, para evitar la salida de Grecia del euro, Atenas terminó aceptando una reestructuración de la deuda a cambio de duras reformas.

Mientras en la vecindad Sur de la UE, el fracaso de la Primavera Árabe con la consiguiente guerra civil de Siria, al Estado fallido de Libia, tras la muerte de Gadafi, y un Irak aún más inestable tras el ascenso del Daesh; dio lugar a la crisis de los refugiados, que puso en peligro el sistema de Schengen, y al terrorismo que golpeó con fuerza en varios países europeos. La crisis migratoria de 2015 acentuó las demandas de solidaridad y aumentó las tensiones entre el Este y el Oeste, que exigieron soluciones a nivel político.

En el Este surgieron amenazas como la anexión ilegal de la península de Crimea por Rusia y la guerra con Ucrania; el uso de la desinformación en las elecciones de los Estados miembros o la financiación de partidos politicos de tinte populista.

La magnitud del impacto que estas crisis tuvieron en la UE planteó preguntas fundamentales sobre la viabilidad de la Unión. Las dificultades en torno al Estado de derecho y el cambio climático agudizaron el perfil de la Comisión como actor político (SCHOUT, WIERSMA y NUNES, 2019).

7 Entrevista a Jaume Duch, portavoz y director general de Comunicación del Parlamento Europeo. Bruselas.

8 Entrevista a Victoria Martín de la Torre, ex asesora de comunicación del Grupo de Socialistas y Demócratas en el *Parlamento Europeo*. Bruselas.

Por otro lado, en el Reino Unido David Cameron lanzó el órdago del referéndum para salir o mantenerse en la UE con el fin de evitar una sangría de votos hacia el UKIP del antieuropeo Nigel Farage, si Bruselas no aceptada un paquete de medidas de renacionalización de políticas, sobre todo migratorias, y se frenaba la Unión Política. Ante la negativa de los Estados miembros, Camerón convocó la consulta para el 23 de junio de 2016 que llevó a la victoria por poco margen de los partidarios de la salida de la UE, lo que supuso un mazazo importante para la credibilidad de la Unión a nivel mundial.

Con el Brexit se puso de relieve el deseo de los Estados miembros de mantener un margen de maniobra y de que la UE respetara las idiosincrasias nacionales (Schout, Wiersma y Nunes, 2019). Las tensiones dentro de los Estados miembros se incrementaron y el discurso político se polarizó cada vez más con el auge de los partidos de extrema derecha e izquierda (el Forum voor Democratie (FvD) en los Países Bajos, el Front National/National Rally en Francia (RN), Alternative für Deutschland (AfD) en Alemania y Lega Nord en Italia, Podemos en España y Syriza en Grecia, por nombrar solo algunos).

La posterior llegada de Trump a la Casa Blanca provocó una quiebra de las relaciones transatlánticas debido a la guerra comercial, la falta de confianza en la OTAN, la retirada de tropas norteamericanas de territorio europeo, o el alejamiento de EE..UU. del multilateralismo tras su salida del Acuerdo de París, la ruptura del pacto nuclear con Irán, la paralización del proceso de disputas de la Organización Mundial del Comercio o dejar de financiar a la Organización Mundial de la Salud.

Como hemos visto, desde 2015, los retos de la UE se multiplicaron con un entorno estratégico más complejo, conectado y fragmentado: las consecuencias de la crisis económica de 2008, el terrorismo del ISIS, la salida de Reino Unido de la UE, la crisis de los refugiados, conflictos en la vecindad del Este, tras la anexión ilegal de Crimea y la guerra en el Donbass, y en el Sur de Europa, la inestabilidad en los Balcanes, Trump como presidente de EEUU y su hostilidad hacia la UE; además de la configuración de una China más asertiva en el nuevo orden internacional. Para afrontar estos retos y amenazas y otros más lejanos, la UE se dotó de una nueva Estrategia global (EEAS, 2016) para la seguridad interna y externa que se presentó en el Consejo Europeo de junio de 2016 y fue acogida con frialdad por los jefes de Estado y de Gobierno, pues no era el momento más adecuado tras el Brexit.

Tanto en el Discurso sobre el Estado de la Unión del presidente de la Comisión, Jean Claude Juncker, ante el Parlamento Europeo como en la posterior Cumbre del Consejo Europeo en Bratislava en septiembre de 2016, se dejó claro que Europa debía hablar con una sola voz en el mundo y reforzar su seguridad y defensa con nuevas medidas que solventaran los problemas que más preocupaban a los ciudadanos: terrorismo, crisis migratoria y los efectos negativos de la globalización. La policrisis obligó a la UE a buscar una mayor unidad política, económica, liderazgo geopolítico y gobernanza multilateral.

10

LA UE ANTE EL DESAFÍO DE LA DESINFORMACIÓN

La Comisión Jüncker también tuvo que enfrentarse al desafío de las *fake news*. La desinformación no es un fenómeno nuevo pero la implantación masiva de las redes sociales ha aumentado su velocidad de propagación y su alcance a niveles imprevisibles. De este modo, el 97 % de los europeos afirmaba haber estado expuestos a noticias falsas (EUROPEAN COMMISION, 2018d). En una encuesta del Eurobarómetro de 2023 el 38 % de los encuestados mencionaron la información falsa o engañosa como una amenaza para la democracia; y en el Eurobarómetro de 2024, el 45 % señaló las noticias falsas y la desinformación como uno de los problemas con mayor impacto personal en ellos.

La desinformación utilizada por actores estatales y no estatales, internos y externos a la Unión Europea (UE), sobre todo desde 2014, ha servido para desestabilizar la democracia en Europa, erosionar la confianza en las instituciones y en los medios de comunicación, buscar la división en las sociedades europeas con narrativas alternativas como por ejemplo en Ucrania; con falsos mitos en apoyo del Brexit; o con el fin de desprestigiar a la Unión y dividirla mediante la introducción de información manipulada en procesos electorales.

Desde 2015, la UE se puso en marcha para frenar la desinformación proveniente de Rusia y creó el grupo de trabajo Stratcom para contrarrestar las noticias falsas en favor del Kremlin que se distribuían en los países de la vecindad oriental europea. En ocasiones, esa desinformación forma parte de estrategias de *sharp power*[9] que usan algunas potencias como Rusia para debilitar y dividir a la UE.

10.1. Desinformación, *fake news* y posverdad

El concepto de desinformación engloba al de *fake news* y es el que usó la Comisión Europea en su informe del Grupo de Expertos de Alto Nivel (HLEG)

9 Uso de políticas diplomáticas manipuladoras para socavar el sistema político de un país.

«como todas las formas de información falsa, inexacta o engañosa diseñada, presentada, editada o promovida para causar daño público intencionadamente o para conseguir lucrarse» (Comisión Europea, 2018: p. 3). La desinformación es algo que viene ocurriendo desde ha siglos cuyos orígenes ya se intuyen en historias antisemitas del S.XV o en la Guerra hispano-americana de 1898 en Cuba.

Wardle y Derakshan (2017. P.20) distinguen tres dimensiones de falsedad. –Desinformación o propaganda. (Disinformation): Información falsa y creada deliberadamente para dañar a una persona, grupo social, organización o país.

- Información errónea. (Misinformation): Información que es falsa, pero no creada con la intención de causar daño.
- Desinformación. (Malinformation): Información basada parcialmente en la realidad, utilizada para infligir daño a un persona, organización o país.

Para la agencia Reuters (2017), la definición de noticias falsas se aplica a tres categorías: noticias que se inventan para ganar dinero o desacreditar a otros; noticias que tienen una base de hecho, pero que se hilan para adaptarse a una agenda particular; y noticias con las que las personas no se sienten cómodas o con las que no están de acuerdo.

Las noticias falsas también se clasifican (Martins *et. al.* 2018) conforme a la fuente, el contenido (puntos de vista erróneos o distorsionados), el método de propagación (publicidad dirigida, bots, redes) y la intención (influir en las elecciones, dividir y avivar el descontento, o ganar dinero).

El debate sobre noticias falsas se intensificó tras las elecciones estadounidenses de 2016, y puso el problema en la agenda de todo el mundo. Si se quiere dar una definición más precisa de las *fake news* hay que centrarse en las noticias producidas con finalidad política o para conseguir un beneficio económico (Wardle, 2017). En la misma línea se pronuncia MCNAIR (2018: p. 38) para quien son «desinformación intencionada (invención o falsificación de hechos conocidos) con fines políticos y/o comerciales, presentada como noticias reales».

Algunos autores rechazan el término *fake news* porque es impreciso y puede ser usado por parte de los políticos como azote para criticar a los medios y a las plataformas (Sullivan, 2017) o porque ayuda a la gente a expresar su frustración frente a los medios tradicionales, *on line* y plataformas, y frente a los políticos (Nielsen and Graves, 2017). Los representantes políticos y sus partidos son, según el director del Instituto Reuters, Rasmus Kleis Nielsen, los grandes productores de desinformación. Así, populistas como Donald Trump utilizaron el argumento de las *fake news* para desprestigiar las críticas de los medios de comunicación, reforzar opiniones y «entretener» a la ciudadanía

Las causas de las *fake news* son complejas y provienen, según RODRÍGUEZ-FERRÁNDIZ (2019), del relativismo rampante, el declive de la confianza en las élites, la monetización de la información en competencia por los ingresos publicitarios, la proliferación de plataformas informativas y del auge del nacionalismo y del populismo.

Las *fake news* incluyen algoritmos y fórmulas que generan noticias sin respeto por la precisión; son usadas por corrientes políticas populistas, y las poblaciones desconfían de los medios mientras carecen de habilidades de alfabetización mediática para discernir o comprender signos de sesgo periodístico, agendas sutiles o distinciones entre noticias y anuncios (SCHUDSON AND ZELIZER, 2017).

Asimismo, hay que destacar la rentabilidad de las noticias falsas gracias a su distribución por internet, que como explica STANDAGE (2017) «corroen la confianza en los medios en general, y hace que sea más fácil para los políticos sin escrúpulos vender medias verdades». Ese desplazamiento de la publicidad de las organizaciones de noticias a las redes puede hacer mucho daño (BRAUN y EKLUND, 2019) a la credibilidad del periodismo y a las sociedades democráticas.

En el informe de 2018 del HLEG de la Comisión se concibe la desinformación como un fenómeno que va mucho más allá del término «noticias falsas». Un concepto que actores poderosos se han apropiado con el fin de descartar la cobertura de noticias que consideraban perjudiciales para sus intereses particulares. El termino no cubre los problemas derivados de la creación y difusión *on line* de contenido ilegal (como la difamación, el discurso de odio, incitación a la violencia), que están sujetos a las leyes nacionales o de la UE, ni tampoco otras formas de distorsión deliberada de los hechos, pero no engañosa, como la sátira y la parodia (COMISIÓN EUROPEA, 2018).

En la desinformación se incluyen contenidos que no son completamente falsos, pero son elaborados de manera deliberada y presentados como periodismo para manipular a los lectores, un fenómeno que forma parte de una tendencia descrita como «posverdad» que distorsiona la realidad para manipular emociones e influir en la opinión pública.

Las noticias falsas se ven por autores como RODRÍGUEZ-FERRÁNDIZ (2019) como un «instrumento de la posverdad», un término acuñado durante la Guerra del Golfo como proceso de degradación de la calidad de la democracia y de la sociedad civil. En su artículo de 1992 «Un gobierno de mentiras» de Steve TESICH (1992) criticó al público estadounidense por aceptar sumisamente las mentiras de la administración Bush. El diccionario de Oxford declaró la posverdad como palabra del año en 2016, un año después del Brexit y cuando llegó Trump a la Casa Blanca. Al definir el concepto en dicho diccionario se explica que «los hechos objetivos son menos influyentes en la formación de la opinión pública que las apelaciones a las emociones y creencias personales[10]...».

10 Oxford Dictionary, «Word of the Year 2016,» 2016, https://en.oxforddictionaries.com/word-of-the-year/word-of-the-year-2016.

Para Brahms (2019) nuestra «capacidad de clarificar la realidad para comprenderla y funcionar dentro de ella, se está debilitando como resultado de la interferencia de alta intensidad por cuatro ondas: la explosión de información y la tecnología disruptiva; la disminución de la fe en las instituciones y en los «narradores de verdad»; socavando las ideas posmodernas; y amargas batallas políticas».

Lo que aún hace diferente la tendencia actual de las noticias falsas, dice Harari (2018), es la tecnología, que nos permite adaptar la propaganda de manera individual y unir las mentiras a los prejuicios individuales. Los *trolls*[11] y los hackers usan algoritmos de *big data* para identificar las debilidades y tendencias únicas de cada persona y luego fabrican historias consistentes con ellas y se ayudan de los *bots*[12] para difundirlas. Utilizan estas historias para reforzar los prejuicios de quienes creen en ella para exacerbar las grietas en la sociedad y perforar el sistema democrático desde adentro (Brahms, 2019).

En esta era de la posverdad también se produce «el desafío de los hechos alternativos»: la negación de los hechos descubiertos, la preferencia por los hechos que corresponden y refuerzan la opinión de una persona sobre los hechos que refutan y la fabricación de «hechos» que nunca existieron. Se prefiere las teorías de la conspiración a las científicas tras años de experimentos y todo ello porque determinados hechos apoyan y refuerzan su creencia sobre aquellos que lo refutan. Es lo que se denomina el sesgo de confirmación, que interpreta la información conforme a nuestras creencias. Este sesgo todavía se refuerza más en las redes sociales gracias a las cámaras de eco que provocan, que es la tendencia de los usuarios a promover sus narrativas favoritas y, por lo tanto, a formar grupos polarizados (Quattrociocchi *et. al*. 2016).

10.2. Rusia amenaza a la UE

Rusia es uno de los estados que más ha utilizado la guerra de la información y los ataques cibernéticos en los últimos años con el fin de interferir en distintas campañas electorales europeas y de dividir a Europa. La UE es vista desde Moscú como una fuerza que puede imponer valores democráticos en los países con los que Rusia comparte fronteras y que alguna vez fueron parte de su área de influencia.

Las campañas de desinformación rusas se utilizan para desacreditar a los políticos y las instituciones democráticas como las elecciones y los medios independientes.

---

11 Persona que usa las redes sociales para distribuir *fake news* o publicar comentarios con el objetivo de desestabilizar e influir en la opinión pública.

12 Programas informáticos que imitan la interacción humana y difunden de manera automática campañas de desinformación en las redes sociales.

Moscú tiene un importante presupuesto para medidas de desinformación de entre 3.000 y 4.000 millones de dólares (MCCAULEY, 2016). El gobierno ruso como explica ROIG (2018) utiliza instrumentos como las agencias de información rusas RT y Sputnik para el exterior; y «controla casi todas las televisiones nacionales y desarrolla la fábrica de bots y trolls, la Agencia de Investigación de Internet (IRA en sus siglas en inglés), para inundar las redes sociales» y generar operaciones de desinformación sofisticadas y masivas. Unas 15.000 personas trabajan en esas tareas de desinformación (MCCAULEY, 2016). Los trolls profesionales trabajan en turnos de 12 horas y los piratas informáticos rusos configuran bots por miles para mantener a Twitter bien alimentado. Sputnik y RT, la agencia de noticias y la televisión controladas por el gobierno, proporcionan historias para ser propagadas a través de Facebook, Instagram y Twitter.

10.2.1. Ataques a Ucrania

En el caso de Ucrania, dado que se le obstaculizó la entrada en la Alianza Atlántica, el gobierno decidió optar por la integración económica a través de un acuerdo de Asociación con la Unión Europea. Putin presionó económicamente a Kiev y en noviembre de 2013, el presidente prorruso Yanukovich, que asumió la presidencia en 2010, decidió suspender la firma del acuerdo de Asociación con la UE. Así se inició una profunda crisis política con las protestas conocidas como Euromaidan. Putin aprovechó la oportunidad para intervenir e invadir Crimea en 2014 y, después, realizar un referéndum sobre la adhesión de la península a Rusia el 17 de marzo 2014. Este hecho será clave a la hora de entender la posterior autoproclamación de las repúblicas del Donbás, en un intento de seguir los pasos de Crimea y conseguir la unión a Rusia (DORADO DÍAZ, 2020).

Países vecinos a Rusia como Estonia ya sufrieron los primeros ciberataques en 2007 tras la decisión de Tallin de mover un monumento soviético. Este tipo ataques híbridos se intensificaron en Ucrania tras la caída del presidente prorruso Victor Yanukovych, con campañas de desinformación para influir en la población y justificar intervención militar y anexión ilegal de Crimea. Esas «narrativas alternativas» sobre Ucrania cambiaron por completo la relación entre Rusia y la UE. Moscú pasó de ser socio estratégico a desafío estratégico en la Estrategia Global de la UE elaborada por el equipo de la Alta Representante, Federica Mogherini (COLOMINA, 2019).

10.2.2. La campaña del Brexit

Moscú volvió a la carga con la difusión de información falsa en la UE tras los ataques terroristas en Reino Unido y durante la campaña del Brexit. Los trolls invadieron twitter en favor de la salida del país de la Unión Europea.

Según el informe sobre «Desinformación y noticias falsas» (House of Commons, 2019), más de 150.000 cuentas de redes sociales rusas publicaron mensajes proBrexit justo antes del referéndum y los medios alineados con el Kremlin publicaron un número significativo de artículos sobre el referéndum de la UE. Se analizaron los artículos más compartidos y se identificaron 261 con un claro sesgo anti-UE, que eran diseminados sobre todo a través de RT y Sputnik, con videos producidos por Ruptly. Los artículos que se volvieron más virales eran los contrarios a la UE y publicados por los canales prorrusos, que tuvieron 134 millones de impresiones potenciales, en comparación con un alcance total de solo 33 millones de impresiones del contenido compartido por la web Vote Leave y los 11 millones para todo el contenido compartido por el sitio web Leave.EU. El coste de una campaña similar en redes sociales estaría entre 1.4 y 4.14 millones de libras (House Of Commons, 2019). El informe reconoció que el Reino Unido fue claramente vulnerable a la cobertura digital de las campañas electorales y el Gobierno debía analizar el alcance de como influyeron en los votantes, algunos actores extranjeros, y pidió al ejecutivo actualizar la legislación para estar en línea con los últimos desarrollos tecnológicos y que fuera explícita sobre la influencia ilegal del proceso democrático por parte de actores exteriores.

Además, el empresario británico y partidario del Brexit, Arron Banks, fue investigado por la Agencia Nacional del Delito por presuntos delitos penales basados en las fuentes de sus 8 millones de libras en contribuciones a la campaña para dejar la UE. Banks negó la acusación de que gran parte de este dinero fue canalizado desde Rusia. (Taylor, 2019). A partir de este suceso la UE comenzó a incluir el problema de la desinformación dentro de su agenda política, proponiendo numerosas medidas y regulación,

Después que la primera ministra británica Theresa May reconociese la amenaza de Rusia en un discurso en noviembre de 2017 acusando al Kremlin de intentar socavar las sociedades libres y sembrar la discordia en Occidente mediante el despliegue de sus organizaciones de medios estatales para inocular historias falsas; el gobierno del Reino Unido estableció en enero de 2018 una «Unidad de Comunicaciones de Seguridad Nacional "encargada de" combatir la desinformación de los actores estatales y otros» (BBC, 2018).

Con Boris Johnson como primer ministro, el Kremlin continuó sus esfuerzos para difundir el caos en el Reino Unido, sobre todo utilizando las redes sociales para exacerbar las tensiones en Irlanda del Norte. En la cuestión de la frontera entre el Reino Unido e Irlanda que fue un tema clave en las negociaciones del Brexit, la inteligencia rusa difundió información falsa, incluidas las interacciones entre la política norirlandesa Arlene Foster y el principal negociador de Brexit de la UE, Michel Barnier, para «exacerbar las divisiones ya complejas entre Irlanda y el Reino Unido» (Taylor, 2019).

10.2.3. Las elecciones alemanas

Otros países europeos que celebraban elecciones como Alemania también fueron objetivo de la desinformación. Un caso paradigmático de «infoxicación» fue el de Lisa, una niña de 12 años, que en enero de 2016 parecía haber sido secuestrada y violada por parte de un grupo de refugiados en Berlín. El bulo fue azuzado por medios rusos como Ruptly y RT, e incluso con la intervención del ministro ruso de Exteriores, todo ello meses antes de las elecciones con el fin de que el partido de ultraderecha Alternativa por Alemania (AFD) subiera en número de votos. Durante las elecciones *bots* y cuentas cercanas a Rusia amplificaron mensajes de contenido extremo, siendo identificadas 2840 cuentas pro-Kremlin en las discusiones *on line*. Los votantes de la extrema derecha en Alemania creen más en las *fake news* que el resto de la población. En cuanto a la confianza en los medios tradicionales el 63 % de todos los encuestados cree en ellos y sólo lo hace el 26 % de los votantes de Alternativa por Alemania, para quienes las redes sociales son el medio que más utilizan para informarse (Scott, 2017).

10.2.4. Referéndum y comicios en Italia

Italia también sufrió campañas de desinformación que impulsaron a partidos extremistas y desestabilizan al país. Primero, durante la campaña del referéndum para aprobar la reforma constitucional de 2016 que finalizó con la dimisión del primer ministro, Matteo Renzi. El populismo del Movimiento Cinco Estrellas (M5E) tiene vínculos con Moscú que no se limitan a la difusión de propaganda rusa sino también a sus movimientos en política exterior para acabar con las sanciones económicas a Rusia, abogar por la anexión de Crimea o impulsar una consulta popular para salir de la OTAN (Hernández, H. 2019a).

Durante las elecciones de 2018, cuentas relacionadas con Rusia amplificaron sentimientos negativos hacia la inmigración, por ejemplo, cuando se difundieron informaciones de monjas embarazadas tras acoger inmigrantes. Uno de los temas estrella del partido de extrema derecha, Liga Norte.

10.2.5. Noticias falsas contra Macron

Durante las elecciones presidenciales francesas de 2017, el candidato de En Marche!, Emmanuel Macron, fue blanco de numerosas noticias falsas destinadas a mermar su credibilidad y popularidad, como por ejemplo, un informe que aseguraba que el candidato poseía cuentas bancarias en las Bahamas; otro, que provenía de un sitio web muy similar al del diario belga Le Soir, en el que se señalaba que Arabia Saudí financiaba la campaña de Macron; o rumores de su supuesta relación homosexual secreta fuera del matrimonio. El objetivo era dar una mala imagen de Macron frente a la de su oponente del Frente Nacional, Marine Le Pen, si bien, Macron logró obtener la victoria electoral (JOFRÉ, 2018). Durante la campaña, Sputnik informó sobre una encuesta totalmente ficticia que pretendía poner al candidato conservador François Fillon a la cabeza. Fillon demostró su inclinación amistosa hacia Moscú, calificando las sanciones occidentales contra Rusia de «totalmente ineficaces». Sin embargo, sus malos resultados no le permitieron pasar a segunda vuelta y en ese momento el apoyo ruso viró hacia Marine Le Pen, la candidata populista de extrema derecha

En el período previo a las elecciones presidenciales francesas de 2017, Marine Le Pen recibió el apoyo financiero de Rusia . En 2014, su partido, el Frente Nacional, recibió un préstamo de nueve millones de euros (9,8 millones de dólares) de un banco ruso después de que las instituciones financieras francesas le negaron un crédito. El gobierno francés presionó a Facebook para eliminar cuentas falsas, y aproximadamente 70,000 cuentas francesas de Facebook fueron suspendidas en los días previos a las elecciones.

Tras las elecciones algunos estudios determinaron que entre el 27 de abril y el 7 de mayo (día de celebración de los comicios) se llegaron a publicar un total de 17 millones de publicaciones en Twitter (FERRARA, 2017). La mayor parte de las publicaciones provenían de la campaña denominada «MacronLeaks».

10.2.6. Desinformación en Holanda

Medio año antes de que se celebran las elecciones en los Países Bajos, el gobierno holandés detectó cientos de intentos de ataques cibernéticos contra sus ministerios. Los ataques se atribuyeron a dos grupos de hackers PT28 y APT29, conocidos en Estados Unidos como Cozy Bear y Fancy Bear, de los que se ha podido establecer que «están afiliados al Gobierno ruso y recopilan inteligencia política y militar» (HERNÁNDEZ, H. 2019). Esta amenaza de injerencia extranjera y el miedo a que el PVV de Geert Wilders recibiera apoyo encubierto desde Rusia, llevo la decisión de contar los votos a mano, en vez de a través de los sistemas informáticos.

10.2.7. Objetivo: dañar a la democracia sueca

En 2017, Suecia fue el objetivo de «una amplia gama de medidas activas» de Rusia utilizando noticias falsas, documentos falsos y desinformación como parte de una campaña coordinada para influir en la opinión pública sueca y en la toma de decisiones. La interferencia extranjera en las elecciones suecas tenía como objetivo reducir la confianza del público en el proceso electoral y dividir a los suecos en los principales problemas sociales y políticos. Además de dañar la democracia de Suecia, el Kremlin buscaba preservar el statu quo geoestratégico y disuadir la perspectiva de la membresía sueca en la OTAN (KRAGH& ÅSBERG, 2017), al igual que en Lituania donde en 2017 aparecieron rumores de soldados de la OTAN que habían abusado de una joven.

10.2.8. El referéndum en Cataluña

Tampoco España se libró de la desinformación durante el referéndum ilegal de Cataluña donde, según EUvsDisinfo, los bots y cuentas relacionadas con Rusia incrementaron su actividad en un 2000 % durante el día del referéndum. Vesti.ru afirmó que el «español se enseña como lengua extranjera en las escuelas catalanas» o Sputnik aseguró que las «islas Baleares también piden la independencia».

Durante el proceso separatista catalán en España, se detectaron más de 4.800 robots difundiendo información manipulada a favor de la ruptura, e incluso diputados españoles han denunciado frente a la Eurocámara que RT difundió el 28 de octubre de 2017 noticias sobre de carros de combate dirigiéndose a Barcelona (RTVE.es, 2018).

El 67 % de la desinformación contenía mensajes de carácter independentista que en ocasiones proporcionaban documentos audiovisuales de otros contextos que se atribuyeron a las cargas policiales del momento, o de mensajes tergiversados acerca de declaraciones sobre figuras políticas (PADILLA MOLINA, 2018).

10.3. La opinión pública europea ante la desinformación

La Comisión puso en marcha un proceso de consulta pública, sobre desinformación con cuestionarios en línea (EUROPEAN COMMISSION, 2018d) que recibieron 2.986 respuestas, diálogos estructurados con las partes interesadas relevantes y una encuesta de opinión pública (FLASH EUROBAROMETER 464, 2018) que cubrió a los 28 Estados miembros.

El objetivo de la consulta pública sobre noticias falsas y desinformación era evaluar la efectividad de las acciones de actores como plataformas, medios de comunicación y organizaciones de la sociedad civil para contrarrestar la difusión de información falsa en línea y ver el alcance de las acciones para fortalecer la información de calidad y evitar la propagación de la desinformación. Según la consulta más del 97 % de los ciudadanos afirmaron haber estado expuestos a noticias falsas: 38 % a diario y 32 % semanalmente. El 74 % consideró las redes sociales y las aplicaciones de mensajería como los canales principales a través del cual se encuentran con noticias falsas.

De la consulta se desprendió una percepción común entre todos los encuestados: que las noticias falsas en general tienen muchas probabilidades de causar daño a la sociedad, en áreas como asuntos políticos, inmigración, minorías y seguridad.

La verificación de hechos a través de organizaciones de noticias independientes y organizaciones de la sociedad civil se considera el mejor método para contrarrestar la desinformación. Sin embargo, la mayoría de los ciudadanos (70 %) cree que las plataformas de redes sociales no están haciendo lo suficiente para ayudar a los usuarios a verificar la información antes de compartirla.

Con respecto a posibles acciones futuras, el 84 % de las organizaciones estuvo de acuerdo en reducir la propagación de la desinformación *on line,* pero con respeto a la libertad de expresión y sin promover ningún tipo de censura directa o indirecta.

En la consulta se apuesta por fortalecer los esfuerzos para aumentar la alfabetización mediática en todos los niveles de edad, desde los alumnos de la escuela hasta una audiencia más adulta; y entre los actores, desde los usuarios finales hasta los periodistas, y garantizar el apoyo y el acceso del público al periodismo de confianza, dado su papel fundamental en el mantenimiento de una sociedad plural fuerte.

En la encuesta de febrero de 2018 sobre *fake news* y desinformación (Flash Eurobarometer 464, 2018), el 73 % de los usuarios de internet en la UE están preocupados por la desinformación o la información errónea on line durante los períodos electorales. El 85 % de los encuestados percibe las noticias falsas on line como un problema en su país y el 83 % como un problema para la democracia en general.

10.4. Un enfoque europeo para combatir la desinformación *on line*

La Comisión lanzó una Comunicación (European Commission, 2018b), tras las consultas realizadas, en la que planteó un enfoque europeo para combatir la desinformación y crear entorno *on line* más transparente, fiable y responsable.

En ese documento la Comisión describe los efectos nocivos de la desinformación para las instituciones, medios de comunicación y la ciudadanía. En concreto señala el aumento de desconfianza institucional y el incremento de las tensiones sociales, con las consecuencias que puede tener para la seguridad interna si se combina con ciberataques o en la elaboración de políticas públicas al influir en la opinión pública. La desinformación puede manipular políticas, debates sociales y comportamientos en ámbitos como el cambio climático, la migración, la seguridad pública, la salud y las finanzas. Asimismo, puede mermar la confianza en la ciencia y en las pruebas empíricas (European Commission, 2018b).

En la Comunicación se subraya el papel clave que juegan las plataformas *on line* y las redes sociales, los servicios de intercambio de vídeos y los motores de búsqueda; en la difusión y la amplificación de la desinformación en línea. En 2018, según la Comisión, estas plataformas casi no habían tomado medidas frente a la desinformación «Algunas han tomado iniciativas de corto alcance para combatir la difusión de desinformación en línea, pero solo en un pequeño número de países y dejando de lado a muchos usuarios» (EUROPEAN COMMISSION (2108b). Además, se duda que las plataformas protejan bien a sus usuarios contra el uso no autorizado de sus datos personales por terceros, tal como demostraron las revelaciones de Facebook y Cambridge Analytica, investigadas por la extracción de los datos personales de millones de usuarios de redes sociales en la UE y su utilización en contextos electorales.

Aunque la protección de un proceso electoral depende de las competencias de los Estados, la Comisión subrayó que la dimensión transfronteriza de la desinformación en línea requiere un enfoque a escala europea. El ejecutivo comunitario presentó varias herramientas para garantizar la protección de los valores europeos y los sistemas democráticos, y se inspiró en cuatro principios: mejorar la transparencia con respecto a la forma en que se produce o patrocina la información; diversidad de la información; credibilidad de la información; y soluciones inclusivas con amplia participación de los interesados. La Comisión propuso un Código de Buenas Prácticas contra la desinformación basado en la autorregulación y válido en toda la UE suscrito por las principales plataformas online y el sector publicitario que analizaremos en el siguiente punto.

10.5. Instrumentos de la UE contra la desinformación

Aunque cada país europeo ha tomado medidas frente a la desinformación y las amenazas híbridas, debido a la dimensión transfronteriza del fenómeno es necesario un enfoque coordinado y a largo plazo entre los Estados miembros para responder a este reto tanto nacional como europeo. Combatir la desinformación en la era de las redes sociales y las plataformas debe ser un esfuerzo coordinado que involucre a todos los actores relevantes. En este artículo vamos a analizar los instrumentos que se han puesto en marcha desde las instituciones europeas.

10.5.1. Grupo de Trabajo East Stratcom

En 2015, tras el llamamiento del Consejo Europeo a contrarrestar las campañas de desinformación rusas, se creó el Grupo de Trabajo East Stratcom (Estrategia de Comunicación para el Este), adjunto al Servicio Europeo de Acción Exterior (SEAE). El Grupo de Trabajo difundió, a través de euvsdisinfo.eu, miles de ejemplos de desinformación favorable al Kremlin y mejoró la comprensión de las técnicas e intenciones de las campañas de origen ruso.

El presupuesto para comunicación estratégica del SEAE, destinado a combatir la desinformación y sensibilizar sobre sus nefastos efectos, ha pasado de 1,9 millones de euros en 2018 a 5 millones de euros en 2019; además de ir acompañado de un refuerzo del personal (de 50 a 55 miembros entre 2020 y 2021). Se trata de un paso importante, ya que el East Stratcom, pese a haberse creado en 2015, solo recibió recursos específicos en 2018 dentro del proyecto piloto StratCom Plus propuesto por el Parlamento Europeo[13], cuyo objetivo era verificar la desinformación. Esas medidas permiten un mejor seguimiento del espacio informativo en los países de la Asociación Oriental y de los medios de comunicación rusos.

El Parlamento Europeo a principios de 2019 pidió a que el East Stratcom se convirtiese en una unidad dentro del SEAE y proporcionó recursos para ayudar a los países candidatos y socios de la vecindad de la UE en sus esfuerzos por contrarrestar las actividades hostiles de propaganda y desinformación (EUROPEAN PARLIAMENT, 2019).

10.5.2. Marco común frente a las amenazas híbridas

En 2016 se adoptó un Marco Común relativo a la lucha contra las amenazas híbridas (EUROPEAN PARLIAMENT AND THE COUNCIL, 2016), al que siguió en 2018 la Comunicación conjunta sobre el aumento de la resiliencia e impulso de las capacidades para hacer frente a esas amenazas

Para el Marco Común de 2016, las campañas masivas de desinformación, que utilizan las redes sociales para controlar la narrativa política o para radicalizar, reclutar y representar a actores indirectos, pueden ser instrumentos para las amenazas híbridas.

En la medida en que la lucha contra las amenazas híbridas se relaciona con la seguridad y defensa nacional, la responsabilidad principal recae en los Estados miembros. Sin embargo, muchos países se enfrentan a amenazas comunes, que pueden atacar las redes o infraestructuras transfronterizas y se afrontan de modo más eficaz con una respuesta coordinada a nivel europeo (EUROPEAN PARLIAMENT AND THE COUNCIL, 2016).

Dentro de las medidas previstas, en 2016 se creó en el SEAE la Célula de Fusión contra las Amenazas Híbridas (EU Hybrid Fusion Cell, en sus siglas en inglés), dependiente del Centro de Inteligencia y Situación de la UE, que analiza este tipo de amenazas contra la UE. Un año después abrió en Helsinki el Centro Europeo para la Lucha contra las Amenazas Híbridas (HybridCoe, en sus siglas en inglés) con la participación de 10 Estados miembros de la UE, Noruega y los EE. UU. Su apertura fue una señal de que las tensiones

13 2018 general budget, Legislative Observatory (OEIL), European Parliament. https://oeil.secure.europarl.europa.eu/oeil/popups/printficheglobal.pdf?id=679655&l=en

con Rusia por sus campañas de influencia en Occidente ya no podían ser ignoradas. El estrecho contacto entre el Hybrid CoE y la EU Hybrid Fusion Cell es una muestra de la cooperación entre la OTAN y la UE para abordar las amenazas híbridas de acuerdo con el informe conjunto de julio de 2017.

10.5.3. Grupo de Expertos sobre desinformación y *fake news*

A finales de 2017, la Comisión creó un grupo de expertos de alto nivel (HLEG, en sus siglas en inglés) encargado de asesorar sobre *fake news* y desinformación, que presentó su informe de conclusiones en marzo de 2018 (EUROPEAN COMMISSION, 2018a).

La HLEG aconsejó a la Comisión evitar cualquier forma de censura, ya sea pública o privada y recomendó aumentar la resistencia social a la desinformación; y un marco para evaluar la efectividad de las respuestas que descansa en cinco pilares: mejora de la transparencia de las noticias en línea; un intercambio de datos que respete la privacidad; promover la alfabetización mediática e informativa; desarrollar herramientas para capacitar a los usuarios y periodistas frente a la desinformación; salvaguardar la diversidad y la sostenibilidad del ecosistema europeo de medios de comunicación, y promover la investigación continua sobre el impacto de la desinformación en Europa.

10.5.4. Medidas electorales para unas elecciones libres

Durante su discurso del Estado de la Unión del 12 de septiembre de 2018 (STATE OF THE UNION, 2018), el presidente de la Comisión Jean Claude Juncker planteó una serie de medidas (denominadas, el paquete electoral) para garantizar unas elecciones europeas libres, lo que incluía una mayor transparencia de la publicidad política *on line* y la posibilidad de imponer sanciones por el uso ilegal de datos personales para influir en el resultado de los comicios. Las elecciones europeas de 2019 tendrían lugar en un entorno político y jurídico muy diferente al de 2014; pues se había comprobado que los períodos electorales son un objetivo estratégico y sensible de las amenazas híbridas.

La finalidad de las propuestas era hacer frente a las amenazas que pueden afectar a las elecciones para salvaguardar la transparencia y proteger los procesos electorales de interferencias extranjeras y reforzar así la resiliencia de los sistemas democráticos de la Unión. La comisaria de Justicia, Consumidores e Igualdad de Género, Vera Jourova denunció «el uso fraudulento de datos personales, especialmente por parte de agentes extranjeros» y los ataques contra la infraestructura electoral y los sistemas de información de campaña que constituyen amenazas híbridas contra las que había que luchar.

Con el Paquete Electoral se animaba a los a los Estados a crear una red nacional de cooperación electoral integrada por las autoridades electorales, de ciberseguridad, de protección de datos y policiales; y a que designaran un punto de contacto para que participase en una red de cooperación electoral a nivel europeo. Esto permitiría a las autoridades detectar rápidamente posibles amenazas, intercambiar información y garantizar una respuesta instantánea y bien coordinada.

La Comisión también recomendó mayor transparencia en la publicidad y los mensajes políticos con destinatarios específicos en línea. Los partidos políticos europeos y nacionales, las fundaciones políticas y los organizadores de campañas debían hacer pública la información sobre su gasto en campañas de publicidad en línea, revelando qué partido o grupo de apoyo político está detrás de la publicidad política *on line* y publicando información sobre los criterios utilizados para seleccionar el público objetivo de la información que se difundirá. Cuando no se sigan estos principios, los Estados miembros deberían aplicar sanciones a nivel nacional.

Las autoridades nacionales, los partidos políticos y los medios de comunicación también debían tomar medidas para proteger sus redes y sus sistemas de información de amenazas de ciberseguridad, en coordinación con la Agencia de la Unión Europea para la Ciberseguridad y la Comisión Europea:

Además, tras el escándalo de Cambridge Analytica, se dieron orientaciones sobre la aplicación de la legislación europea en materia de protección de datos en el contexto electoral y la financiación de los partidos políticos se hizo más rigurosa en todos los actores participantes en las elecciones europeas.

10.5.5. Código de Buenas Prácticas contra la desinformación

Un mes más tarde, el 16 de octubre de 2018, las grandes plataformas como Facebook, Google, Twitter, Mozilla y Microsoft, que lo hizo en mayo de 2019, así como la asociación que representa a las plataformas online y las de la industria publicitaria firmaron un Código de Buenas Prácticas contra la desinformación. Los signatarios presentaron hojas de ruta individuales para tomar medidas en 5 áreas: interrumpir los ingresos publicitarios de ciertas cuentas y sitios web que difunden la desinformación; garantizar la transparencia de la publicidad política para que los usuarios sepan por qué han sido objetivo de un determinado anuncio publicitario; abordar el problema de las cuentas falsas y los *bots* en línea; empoderar a los consumidores para luchar frente a la desinformación y acceder a diferentes fuentes de noticias, al tiempo que mejora la visibilidad y la capacidad de encontrar contenido autorizado; empoderar a la comunidad de investigación para monitorear la desinformación en línea a través del acceso que cumple con la privacidad a los datos de las plataformas.

La Comisión se comprometió a supervisar su eficacia de manera regular y pidió informes mensuales entre enero y mayo de 2019 a tres grandes plataformas (Google, Facebook y Twitter); cerrar las cuentas falsas, identificar todos los mensajes difundidos automáticamente por *bots* y cooperar con verificadores de datos e investigadores universitarios para detectar campañas de desinformación y hacer que los contenidos verificados sean más visibles y gocen de mayor difusión.

La Comisión, en principio, apostó por la autorregulación de las plataformas online; si fracasaba, podría proponer otras medidas, incluso reglamentarias.

10.5.6. Plan de Acción contra la Desinformación

Medio año antes de que tuvieran lugar las elecciones europeas, la UE presentó un Plan de Acción contra la Desinformación (EUROPEAN COMMISSION, 2018c) e informó sobre los progresos realizados hasta la fecha. Durante la presentación, el vicepresidente responsable del Mercado Único Digital, Andrus Ansip, señaló a Rusia como principal fuente de las campañas de desinformación.

El plan de acción propuso un enfoque coordinado de lucha contra la desinformación en la UE basado en 4 pilares: mejorar las capacidades de las instituciones de la Unión para detectar, analizar y desenmascarar la desinformación; impulsar respuestas coordinadas y conjuntas de las instituciones de la UE y los Estados miembros; movilizar al sector privado para luchar contra la desinformación y sensibilizar y aumentar la capacidad de resistencia de la sociedad.

Los esfuerzos apuntaban a fortalecer la resiliencia frente a las campañas de desinformación antes de las elecciones europeas. Entre las medidas concretas se creó un sistema de alerta rápida que se basará en una plataforma digital segura, en la que los Estados miembros podrán compartir información y coordinar las respuestas a las campañas extranjeras de desinformación que se produzcan. Cada uno de los Estados miembros deberá designar un punto de contacto, a ser posible adjunto a sus servicios de comunicación estratégica.

La Comisión también apostó por sensibilizar sobre los efectos de la desinformación con campañas de información específicas y de alfabetización mediática a través de programas especializados, de la cooperación transfronteriza entre profesionales y de la creación de herramientas prácticas que ayuden a fomentarla entre la población.

En cuanto a los medios comunicación, la Comisión apoya el periodismo de calidad y priorizará el pluralismo de los medios de comunicación en toda Europa, rastreará las violaciones de su libertad, financiará el periodismo de investigación transfronterizo y apoyará a los periodistas amenazados.

El papel de la red europea de verificadores de datos consiste en comprobar y evaluar la veracidad de los contenidos, para mantener más limpio y fuerte el ecosistema informativo. La Comisión fomentará la cooperación entre los verificadores de datos europeos; con herramientas y plataformas online para que puedan colaborar entre sí.

Tres meses antes de las elecciones europeas, el Parlamento aprobó un Informe (Parlamento Europeo, 2019) que llamaba a los Estados a protegerse con leyes frente a las amenazas híbridas y contra la propaganda hostil, junto con las injerencias al proceso electoral. El objetivo era sensibilizar a la opinión pública «acerca de las campañas de desinformación de Rusia, ya que constituyen la principal fuente de noticias falsas en Europa», según el servicio de prensa del Parlamento Europeo.

La ponente del informe (Fotyga, 2019), señaló que «la difusión de la desinformación se ha vuelto más sofisticada debido a las nuevas herramientas (por ejemplo, aplicaciones de mensajería privada, optimización de motores de búsqueda, sonido manipulado o imágenes) y más agresiva». El informe condena las acciones de Rusia, China, Irán y Corea del Norte, que según los eurodiputados buscaban socavar las democracias europeas y la soberanía de todos los países de la Asociación Europea Oriental, así como influir en las elecciones y apoyar los movimientos extremistas. Los eurodiputados instaron a la UE a que reforzase el grupo de lucha contra la propaganda East StratCom para combatir los ataques desde Rusia.

Además, se propuso que las compañías tecnológicas deberían ser responsables de eliminar de manera sistemática las noticias falsas que alojen, y las autoridades deberían ser capaces de identificar y localizar la procedencia y la autoría del contenido político publicado.

Acerca de la protección de los procesos electorales europeos, se propuso que los países miembros reformasen las leyes electorales para contrarrestar las campañas de desinformación, los ciberataques, los delitos cibernéticos y las violaciones de la libertad de expresión que se produzcan durante las votaciones y las campañas electorales.

La resolución fue más allá de los miembros de la UE y habló de apoyar a los Estados asociados y a los países de los Balcanes para garantizar sus procesos electorales ante la propaganda maliciosa.

10.5.7. Informe sobre el Plan de Acción contra la Desinformación

Tras las elecciones de mayo de 2019, en las que hubo la participación más elevada en los últimos veinte años (50,97 %), la Comisión y la Alta Representante lanzaron un Informe sobre la ejecución del Plan de Acción contra la Desinformación (Comisión Europea, 2019a). Para la comisaria de

Economía y Sociedad Digital, Mariya Gabriel, las medidas adoptadas ayudaron a combatir la desinformación y preservar la integridad de las elecciones. «Sin embargo, —como reconoció Gabriel— queda mucho por hacer. Al fin y al cabo, las elecciones europeas no estuvieron exentas de desinformación (Comisión Europea, 2019b)».

Según el Informe, «las pruebas disponibles no han permitido determinar la existencia de una clara campaña transfronteriza de desinformación procedente de fuentes externas y específicamente dirigida a las elecciones europeas» (Comisión Europea, p. 1, 2019a). Sin embargo, pusieron de manifiesto una actividad de desinformación continuada y sostenida por parte de fuentes rusas[14] con el objetivo de desalentar la participación electoral e influir en las preferencias de los votantes. Así se cuestionó la legitimidad democrática de la Unión y se explotaron debates públicos polémicos sobre cuestiones como la migración y la soberanía. «Esto confirma que las campañas de desinformación desplegadas por agentes estatales y no estatales[15] suponen una amenaza híbrida para la UE» (Comisión Europea, 2019a).

Las herramientas utilizadas para combatir la desinformación funcionaron. El sistema de alerta rápida permitió una coordinación más estrecha entre la UE y las autoridades nacionales. También se reforzó la cooperación con las plataformas, «aunque estas todavía tienen que responder mejor a los informes externos sobre los comportamientos no auténticos y los contenidos maliciosos» (Comisión Europea, 2019a). Facebook, Google y Twitter realizaron algunos progresos en el marco del código de buenas prácticas en materia de desinformación. Entre enero y mayo de 2019, las plataformas en línea tomaron medidas para limitar el alcance del correo basura y la desinformación a escala mundial.

Según el Informe, en los días anteriores a las elecciones, las plataformas detectaron y cerraron cuentas que difundían desinformación y discursos de incitación al odio a raíz de alertas procedentes de investigadores y periodistas independientes. «Más de 600 grupos y páginas de Facebook que operan en Francia, Alemania, Italia, Reino Unido, Polonia y España han difundido desinformación e incitación al odio o han utilizado perfiles falsos para potenciar de forma artificial el contenido de los partidos o sitios que apoyan» (Graham-Harrison, 2019). Estas páginas generaron 763 millones de opiniones de usuarios. Denuncias de investigadores, verificadores de datos y la sociedad civil también sirvieron para detectar otros casos de intentos a gran escala de manipular el comportamiento de voto al menos en nueve Estados miembros (Avaaz, 2019).

14 El número de casos de desinformación atribuidos a fuentes rusas y documentados por el Grupo de Trabajo de Comunicación Estratégica del Este desde enero de 2019 (998) se ha duplicado en comparación con el mismo período de 2018 (434).

15 Véanse, en particular, los anuncios en Facebook sobre la supresión de páginas, grupos y cuentas en otros países. Disponible en: https://newsroom.fb.com/news/.

Para la Comisión «establecer una evaluación concluyente del alcance y del impacto de las campañas de desinformación llevará tiempo y requerirá un esfuerzo concertado de la sociedad civil, el mundo académico, los agentes públicos y las plataformas en línea» (Comisión Europea, p. 4, 2019a).

Las instituciones también trabajaron para fomentar la resiliencia social y aumentar el nivel de alfabetización mediática antes de las elecciones con seminarios, conferencias y ruedas de prensa; en las que participaron cientos de periodistas, y con sesiones informativas para grupos de visitantes, en particular durante la Semana Europea de la Juventud, en Bruselas, que acogieron a unos 200 participantes de la sociedad civil, las universidades y las organizaciones juveniles.

Además, se mejoró la comunicación sobre las políticas de la UE y su impacto en la vida cotidiana, con una comunicación proactiva y multilingüe a millones de ciudadanos de la UE a través de las redes sociales[16] y mediante campañas de comunicación[17], como «Esta vez voto»[18] que puso en marcha el Parlamento Europeo.

Para reaccionar ante la desinformación, varias Representaciones de la Comisión crearon páginas en sus sitios web para refutar antiguos mitos acerca de la UE y desarrollar asociaciones con verificadores de datos, equipos editoriales y otras iniciativas de la sociedad civil para desacreditar la desinformación.

A fin de intensificar las iniciativas de alfabetización mediática en toda la UE y poner de relieve las mejores prácticas, en particular a nivel regional y nacional, la Comisión organizó la primera Semana Europea de la Alfabetización Mediática con más de 320 actos en la UE[19].

16 La Comisión comunica regularmente a través de sus cuentas en las redes sociales sobre la desinformación: entre enero de 2018 y abril de 2019 publicó 57 mensajes en Twitter, Facebook, Instagram y LinkedIn, que generaron 54 781 reacciones, 3 256 476 impresiones (solo en Twitter y en Facebook) y 385 655 lecturas (solo en Facebook e Instagram).

17 Una Europa que proporcione resultados (InvestEU, en funcionamiento en 16 Estados miembros y que superó los 240 millones de contactos potenciales en 2017-2018), una Europa que empodere (EUandME, que se dirige a unos 100 millones de personas entre 18 y 35 años en la UE y que superó los 60 millones de contactos potenciales en 2018-2019) y una Europa que protege (dirigida a la población de entre 35 y 55 años y que llegó a casi 60 millones de contactos potenciales en 2018-2019).

18 Esta campaña contó con la participación de 300 000 personas que tomaron parte en un debate sobre Europa en sus comunidades locales y grupos sociales, tanto en línea como fuera de línea. Más de 340 organizaciones paneuropeas se asociaron con el Parlamento para promover las elecciones.

19 Esta iniciativa se llevó a cabo en cooperación con los Estados miembros y tuvo lugar del 18 al 22 de marzo de 2019.

11

LAS ELECCIONES EUROPEAS DE 2019 Y LOS MEDIOS REGIONALES: EL CASO ESPAÑOL

Las elecciones al Parlamento de 2019 mostraron que se iba en la buena dirección. Los debates electorales fueron televisados en los 27, hubo una mayor implicación de los partidos nacionales con su candidato europeo, sin embargo, el fraude llegó cuando en lugar de poner de nuevo en marcha el sistema del Spitzenkandidaten a la hora de elegir a presidente de la Comisión, está vez los 27 jefes de Estado y de Gobierno decidieron hacer valer su prerrogativa legal y designar como candidata a presidenta a la exministra de Defensa alemana Úrsula Von der Leyen.

En España el porcentaje de voto estuvo 10 puntos por encima del europeo llegando al 60,73 % frente al 43,81 % de las elecciones de 2014. Durante la campaña realizamos un estudio en 15 ciudades de 15 Comunidades Autónomas. El trabajo, patrocinado por el Parlamento Europeo, consistió en visitar a los principales medios de comunicación de cada una de los Comunidades Autónomas con entrevistas personalizadas a más de 90 periodistas y en la realización de seminarios con las asociaciones de la prensa regional.

Los resultados en general se pueden calificar de positivos por la buena aceptación de la información sobre el Parlamento Europeo como institución, de las fechas claves de cara a las elecciones, del funcionamiento y competencias de la Eurocámara, de las herramientas con las que podían trabajar (sobre todo las radios y televisiones), de los contactos y fuentes con las que podían contar (en Bruselas, Estrasburgo y en la oficina de Madrid) y de la posibilidad de que los jóvenes de la Campaña Esta vez Voto pudieran tener presencia en los medios regionales. Sin embargo, se puede concluir que hay que acercar mucho más a las instituciones y sus políticas a las regiones, de manera más continuada y no solo en el momento de las elecciones. Son necesarios rostros y caras europeas más visibles para evitar que los políticos regionales/

locales se apropien de la UE para usarla de cabeza de turco. Las instituciones también deben buscar una mayor cercanía y proximidad para evitar la escasa rentabilidad mediática de las políticas europeas a nivel regional.

Entre las conclusiones a las que se llegó en esta investigación fueron las siguientes:

La visión sobre Europa en las regiones españolas en general es positiva, no solo por los indicadores de los Eurobarómetros u otras encuestas sino también por la percepción de los propios periodistas de los medios de las CCAA. Sin embargo, la euroorden y la no extradición del líder independentista Carles Puigdemont proyectaron una imagen de desunión política en algunas regiones y creó desafección hacia las instituciones.

Por otro lado, la identificación de las instituciones con la *troika* durante la crisis económica también generó un desgaste severo en la imagen de la UE, que parecía que solo toma decisiones efectivas en el ámbito económico

En cuanto a la información, se concluyó que habría que «traducir» las noticias europeas a lo regional y local. Las instituciones siguen siendo muy lejanas y difíciles de entender para el ciudadano medio e incluso para el periodista no habituado a este tipo de informaciones. En ocasiones falta contexto para hacer las informaciones o continuidad en las historias de la UE por su complejidad y por la escasa presencia de fuentes cuando es necesario para los medios.

Además, es necesaria una mayor presencia en las regiones pues las instituciones no sacan rentabilidad mediática a sus políticas ni a los fondos europeos que se gastan en ellas. Hay una ausencia de Europa en la agenda informativa y la UE no es una prioridad ni está en el centro del debate periodístico. Para invertir esta situación, las fuentes europeas (del Parlamento y de la Comisión) deben acercarse y convocar más actos en las regiones para que haya un contacto más fluido con los medios. Es necesaria una mayor proactividad desde las instituciones europeas con los medios locales y crear vínculos personales con el Parlamento a través de la oficina de Madrid y también desde Bruselas y Estrasburgo pues eso facilita el trabajo.

Algunos medios se quejaron de falta de interlocución en algunos asuntos y demandaban rostros europeos a nivel regional dada la importancia del factor humano. Tanto los periodistas como los ciudadanos necesitan ver caras que expliquen las políticas de la UE y se echa de menos una voz más visible con permanencia a nivel nacional y regional para evitar el oportunismo del político nacional o regional y explicar mejor el contexto: cómo funciona el fondo con el que se ha financiado el proyecto local, de qué manera lo ha conseguido la región, cómo se gestiona etc. Sin embargo, los medios regionales deben explorar más las fuentes europeas (eurodiputados, y no solo los regionales, que es a lo que se tiende) y la UE debe promocionar actores en el área política y en la opinión pública pues falta una imagen institucional de Europa en las regiones, incluso un lugar (sede) neutro para hablar de la UE y que no lo monopolicen los partidos.

Otra de las conclusiones del estudio es la de evitar la hiperconcentración de políticas de comunicación solo durante las elecciones pues no basta con ir una vez cada 5 años, sino que debe ser una labor continuada, gota a gota. Así es como se fraguan las relaciones entre periodistas y fuentes. Los medios que vertebran la opinión pública no pueden tener una estrategia europea de información, si no hay una política activa de comunicación. Si no hay una campaña de comunicación activa y continuada durante años es difícil que nadie conozca a las instituciones ni que generen una empatía y, por tanto, no existen para el público. Es un problema de regularidad y constancia por parte de las instituciones y de los medios. Si una institución no plantea la necesidad de que Europa esté presente de manera constante en la realidad de los medios, es difícil que llegue a la opinión pública. Hay más periodistas en Bruselas, que presencia de Bruselas en los Estados y regiones. La presencia de la UE en los territorios es ínfima y la demanda la creas cuando das noticias.

Existe un problema con el político regional/local que, en muchas ocasiones, se pone la medalla sobre un proyecto europeo que se pone en marcha o se inaugura en su Comunidad Autónoma. Es necesario que un representante de las instituciones europeas también este presente en dicha inauguración o cortando el lazo en una infraestructura que se pone en marcha. Asimismo, se utiliza a la UE como cabeza de turco por parte del político regional y para combatirlo es necesaria una defensa de los intereses europeos por parte de las instituciones a nivel nacional/regional. El político local vende Europa como algo suyo y el eurodiputado la usa para su proyecto personal y partidista. Los ciudadanos quieren ver quién los defiende en Europa. Si el político no vende Europa es difícil que los medios lo hagan, aunque puedan generar opinión pública sobre la UE.

Se debería dar una imagen de Europa que no solo sea política con las típicas imágenes del hemiciclo. Europa tiene interés desde el punto de vista político o económico, pero no social. Y esto no interesa a un público joven o mayor de 65 años. Es necesario bucear en las historias buscando un trasfondo europeo (Erasmus, educación, temas socio-culturales, medio ambiente, tecnología...) y que sean protagonistas locales los que cuenten Europa (un empresario, un agricultor, un profesor , un médico, un estudiante...).

Por su parte, los medios reclaman una reacción más rápida y próxima de las fuentes institucionales de la UE. De lo contario, otros actores y fuentes (partidos políticos, instituciones locales, empresas, sindicatos...) se terminan adelantando y contando la historia desde su punto de vista, mientas la UE va a rebufo o no reacciona.

Europa a nivel decisorio se mueve con lentitud frente a la inmediatez de los medios y da lugar a un problema entre el tempo legislativo de las instituciones y el de los medios de comunicación. El primero es lento y a largo plazo y el de los medios inmediato y a corto plazo. Por ello es necesaria una mayor labor didáctica de cómo se articula la legislación europea, de su trazabilidad institucional.

Durante el estudio se observó el gran interés que despierta en la mayor parte de las televisiones autonómicas poder deslocalizar informativos o programas en Bruselas o Estrasburgo. La escasez de plantillas en la mayor parte de las redacciones de los medios les impide en ocasiones tocar temas europeos o desplazarse para hacerlo al igual que les impide mejorar la formación de los periodistas en asuntos europeos y en el conocimiento de las instituciones ya que es complicado a dejarlos ir a Bruselas a seminarios formativos por la escasez de recursos humanos.

En cuanto a la desinformación preocupa cómo combatirla, aunque algunos diarios se han acercado a las aulas con sus periodistas para enseñar como se buscan las noticias, el acceso a las fuentes, cómo se contrastan las informaciones etc.

No sería malo una mayor tensión en la opinión pública sobre Europa porque eso significaría una proyección concreta y constante. La gente suele votar más cuando se polariza por algo. Bruselas debe resolver hacia dónde quiere ir. En momentos de incertidumbre e inseguridad todo es más difícil (Brexit, Italia, Hungría o Polonia) y las sociedades se defienden con políticas a largo plazo, de lluvia fina y transversales. Por último, falta un relato europeo, que sobre todo se podría haber aprovechado con el Brexit. El divorcio británico de la UE ha logrado dar una buena visión sobre Europa, al ver lo que se pierde al estar fuera. Sin embargo, hay falta de voluntad y un sistema de medios. Europa no tiene quien le escriba. Europa tiene el problema de la incapacidad en generar una voz común y se echa de menos una voz propia frente a Rusia o EEUU.

La UE se debe construir más desde la sociedad y no desde la élite de Bruselas; cuanto más se involucra la sociedad civil regional y local, más se hacen eco de los asuntos europeos los medios regionales.

12

MUERE EL SPITZENKANDIDATEN, LLEGA VON DER LEYEN

El nombramiento de Úrsula von der Leyen como presidenta de la Comisión fue una sorpresa pues ni era Spitzenkandidat ni estaba en las quinielas. Macron y Merkel en el Consejo Europeo cocinaron a la candidata a presidir la Comisión Europea. Como decíamos la ministra alemana de Defensa no estaba entre los cabezas de lista de los partidos políticos europeos. Su nominación enterró la figura del Spitzencandidat, defendida por el Parlamento Europeo y respetada en los comicios de 2014 con el nombramiento de Juncker como presidente del ejecutivo comunitario. Esta vez, los jefes de Estado y de Gobierno de la UE impusieron su ley, sobre todo, el eje francoalemán.

A nivel jurídico, la designación de Von der Leyen fue impecable. Los jefes de Estado y de Gobierno eligieron a su candidata teniendo en cuenta el resultado de las elecciones al Parlamento Europeo, tal y como rezan los tratados. La alemana pertenecía al grupo que ganó los comicios, el Partido Popular Europeo; y, además, fue propuesta por una mayoría cualificada de los 28. Sin embargo, la última palabra la tuvo el Parlamento Europeo que apoyó a la candidata alemana por mayoría absoluta de los miembros que lo componen.

La Cámara de Estrasburgo aprobó en febrero de 2018 una resolución en la se comprometía a rechazar en la investidura a presidente de la Comisión a cualquier candidato, que no hubiera sido designado como cabeza de lista en el periodo previo a las elecciones europeas. Parece extraño que los 28 Estados de la UE, en contra de esa resolución del Parlamento, impusieran a Von der Leyen, que no hizo campaña electoral, no protagonizó debates ni hizo propuestas políticas.

Desde un punto de vista de legitimidad democrática no parecía muy normal que los electores desconocieran a la persona que iba a dirigir el ejecutivo comunitario. Cuando se habían politizado más las elecciones y la participación había subido por encima del 50 %, la mejor en los últimos 20 años, podría aumentar de nuevo la desafección de los votantes al verse burlados tras las promesas de la Eurocámara de elegir a uno de los cabezas de lista. No fue la mejor manera de superar el «gap» entre instituciones y ciudadanía.

La Cámara de Estrasburgo no tuvo las agallas suficientes para vetar a la ministra de Defensa alemana y devolver la pelota al tejado de los 28, para que designaran a uno de los cabezas de lista que hicieron la campaña de las elecciones europeas. La pelea y crisis institucional entre el Parlamento Europeo, elegido directamente por los ciudadanos, y el Consejo Europeo, que representa los intereses de los Estados, estuvo servida. Los eurodiputados decidieron volver al Despotismo Ilustrado en lugar de a una democracia más acorde con el Siglo XXI.

13

RETOS POLÍTICOS E INFORMATIVOS: DE LA PANDEMIA A LA GUERRA DE UCRANIA PASANDO POR LA COFOE

Cuando Ursula von der Leyen asumió su primer mandato como presidenta de la Comisión Europea, el Brexit estaba llegando a su clímax y la crisis migratoria aún no había terminado. Su primera presidencia no fue plácida, tuvo que afrontar cisnes negros como la pandemia, la invasión de Ucrania por parte de Rusia y la inflación. La presidenta del Ejecutivo comunitario siguió la senda de una Comisión más política iniciada por Jüncker, pero sin buscar la confrontación con los Estados miembros. En su primera legislatura nombró a varios vicepresidentes sin cartera, es decir, sin una Dirección General a su cargo, pero con funciones de coordinación. Asimismo, durante la primera era Von der Leyen ha tenido un papel importante el Servicio de Portavoces, que aglutinó y controló de forma centralizada la opinión de la Comisión con pocas entrevistas o ruedas de prensa de la presidenta. Para algunos funcionarios de la Comisión y periodistas acreditados en Bruselas, entrevistados para este libro, ha sido una líder brillante y política, pero muy autoritaria con sus comisarios. No es de extrañar que algunos como Frans Timermmans, Thierry Breton o Josep Borrell no tuvieran la mejor de las relaciones con ella.

Durante el primer mandato de Von der Leyen, la Comisión actuó en ocasiones de manera casi omnipotente (Lynnes, 2024). Más allá de su papel tradicional de proponer legislación, se apoderó de poderes especiales, que le permitieron aprobar leyes que consideraba esenciales para que el bloque superara la pandemia y la crisis económica que provocó; confrontando a Rusia por la invasión de Ucrania o dando forma a la estrategia de reducción de riesgos económicos de la UE y a su actitud agresiva hacia China, actuando como el «policía malo» de Europa frente a las prácticas comerciales coercitivas e injustas de Beijing (Batchick, 2024). La celeridad de la Comisión se basaba jurídicamente en el artículo 122 del Tratado de Lisboa, que permitió a la UE adoptar medidas rápidas y excepcionales en situaciones de emergencia económica o catástrofes naturales. Al otorgar más poder legislativo al Consejo y a la Comisión, la medida dejó al margen al Parlamento Europeo (Lynnes, 2024). Von der Leyen convirtió a la Comisión en el brazo más importante de la UE en un momento en el que las crisis surgían con frecuencia y de forma nueva. La presidenta de la Comisión se atribuye el mérito de marcar el comienzo de una UE verde, digital y geopolítica como prioridades políticas establecidas en 2019; así como de haber respondido con unidad a grandes crisis internacionales imprevistas como la Covid-19 a la Guerra en Ucrania con respuestas más o menos rápidas, con la compra centralizada de vacunas durante la pandemia o la reacción frente a Rusia con sanciones económicas o la ayuda militar prestada a Ucrania a través del Fondo Europeo de Apoyo a la Paz. Y entre sus fracasos, la laxitud con que se manejó en algunos casos concretos que merecían una respuesta más contundente, por ejemplo, en la defensa del Estado de Derecho frente a algunos Estados miembros.

La Comisión Europea presidida por Úrsula Von Der Leyen reforzó la apuesta por el poder duro al asumir el desafío de una Europa «geopolítica» (European Parliament, 2019a), que indica la necesidad de mayor poder militar y económico como se desprende de las palabras del que fuera Alto Representante para la Política Exterior, Seguridad y Defensa de la UE, Josep Borrell, que echa de menos que Europa usara el lenguaje del poder y tuviera una cultura estratégica común (European Parliament, 2019b). Borrell defendió que Europa no será creíble en su ambición de ser un actor geopolítico, «si no somos capaces de resolver los problemas de nuestra vecindad inmediata» (European Parliament, 2019b). La Comisión tuvo que superar retos como el de la pandemia de la Covid-19 cuando al inicio algunos Estados prohibieron la exportación de mascarillas y material sanitario y cada uno actuó de manera unilateral cerrando sus fronteras, debilitando la imagen de la UE; lo que fue aprovechado por terceros países como Rusia o China para generar discursos nocivos y engañosos sobre la UE con el fin de erosionarla y buscar su división. La UE reaccionó después con un seguro de desempleo común (programa Sure), una vacuna conjunta y mediante la emisión de deuda conjunta a través del fondo de Recuperación de la UE, el *NextGenerationEU*, de 750.000 millones de euros en préstamos y subvenciones, que son la semilla de un futuro Tesoro Europeo. Europa también respondió en 2020 al reto de la Covid-19 a escala mundial a través del programa *Team Europe*, que movilizó 53.700 millones de euros, para apoyar a sus países socios y no dejar a nadie atrás en la lucha contra la pandemia. Es una iniciativa de la Unión Europea, sus Estados miembros y las instituciones financieras, en particular el Banco Europeo de Inversiones y el Banco Europeo de Reconstrucción y Desarrollo, que unieron recursos y experiencia para abordar la Covid-19 mediante el acceso a las vacunas, fortaleciendo los sistemas de salud, agua y saneamiento de los países socios y mitigando las consecuencias sociales y económicas inmediatas de la crisis.

La contribución europea a la respuesta global a la COVID-19 no buscaba únicamente soluciones inmediatas, sino que estaba enfocada a atender necesidades emergentes en el medio y largo plazo de la recuperación. Todo ello, con especial atención a la consecución de los Objetivos de Desarrollo Sostenible de la Agenda 2030.

13.1. La pandemia de la Covid-19

Al principio la respuesta europea a la pandemia fue tardía e insolidaria. La prohibición de exportar material médico por parte de Francia o Alemania a una necesitada Italia fue un duro golpe para la imagen de la UE. China, origen del Covid-19, aprovechó la oportunidad y desplegó una potente estrategia de diplomacia pública, con el envío de material sanitario y médicos. La UE, que no tenía competencias sanitarias, vio como China con «la diplomacia de las mascarillas» cubría el vacío de liderazgo y coordinación europeo; y conseguía que Italia, España o Serbia agradecieran e incluso pidieran ayuda a Beijing.

La Comisión Europea reaccionó más tarde abriendo corredores de transporte para que los suministros médicos pudieran llegar a cualquier país de la UE que los necesitara, y ofreció asistencia también a los países candidatos de los Balcanes occidentales, pero la imagen inicial de insolidaridad ya había quedado marcada.

La crisis del coronavirus fue un nuevo ejemplo de que la libre circulación de personas no es compatible con una integración a medias, tanto a nivel sanitario como económico y monetario. Cualquier restricción a la circulación de personas en el espacio Schengen debería partir de la UE, y no de decisiones individuales que envían una pésima señal. Lo malo es que requería de niveles de coordinación en ese momento inexistentes (Feás, 2020)

Bruselas también lanzó una estrategia con el fin de centralizar la compra y distribución de las vacunas, en función de la población de cada país. La UE defendió la coordinación, pero al inicio los resultados no estuvieron a la altura de las expectativas. Los retrasos y problemas de reparto con la vacuna de AstraZeneca dieron lugar a que algunos países actuasen por su cuenta. Así, Hungría autorizó la vacuna rusa Sputnik V y la china Sinopharm. Eslovaquia y República Checa también decidieron de manera unilateral al comprar la rusa, que fue utilizada por la propaganda de Moscú para lavar su imagen. Y Austria estuvo en contacto con Rusia e Israel para las vacunas de segunda generación.

Pero el frente de las compras no fue el único que se abrió en Bruselas, el pasaporte de vacunación también dividió a los 27, defendido por España, Grecia o Austria, mientras que Holanda Bélgica o Francia recelaban del mismo para evitar la discriminación de los ciudadanos.

13.1.1. Las medidas económicas: *NextGenerationEU* y *Team Europe*

Conforme avanzó la crisis, también comenzaron las divisiones económicas entre los países del Norte y del Sur de Europa. El Banco Central Europeo afirmó que «no estaba aquí para reducir los diferenciales de deuda», pero tras la caída de los mercados financió con 750.000 millones de euros medidas frente a la crisis económica que se avecinaba, y la Comisión anunció también un paquete de instrumentos que, iban desde un fondo para ayudar a los trabajadores a mantener sus ingresos, y a las empresas, a mantenerse a flote; a la repatriación de europeos o a un procedimiento de adquisición conjunta de equipos de protección.

El Consejo Europeo (2020) tardó unos meses en poner en marcha un plan de reactivación de la economía europea, hasta que aprobó el Fondo de Recuperación que ascendió a los 750 mil millones de euros (390 mil millones en subvenciones y 360 mil millones en préstamos a largo plazo). El *Next GenerationEU* fue un instrumento que priorizó a las economías más afectadas por la pandemia, como la italiana o la española, que pese a ser excepcional y temporal (entre 2021 y 2024), no dejó de ser un punto de inflexión decisivo al crear deuda europea, sin ejercer presión adicional sobre los presupuestos nacionales. Para facilitar el reembolso de la financiación obtenida del mercado, la Comisión propuso nuevos recursos propios adicionales.

El paquete de recuperación para contrarrestar los efectos de la pandemia tuvo dos metas fundamentales; la transición ecológica y la transformación digital que junto a un mercado único más fuerte para dar lugar a nuevas formas de crecimiento. Como subrayó el Consejo Europeo (2020b) «un objetivo clave de la Unión es alcanzar una autonomía estratégica al tiempo que se mantiene una economía abierta».

La razón principal para que ese fondo funcionase es que la economía europea podría acabar muy dañada y de este modo su política exterior no sería decisiva en el mundo. Si Europa no respondía de manera rápida y eficaz a la pandemia, podríamos ver un incremento significativo del euroescepticismo en Italia e incluso en España. En ambos países, los primeros días de la epidemia y el cierre de las fronteras deterioraron la imagen de la UE.

En el exterior, la crisis del Covid-19 aceleró los acontecimientos en la vecindad Este, Sur y en los Balcanes. La petición de ayuda sanitaria que lanzó el presidente serbio Alexander Vucic (Alonso, 2020) a China, al inicio de la pandemia, alertó a la UE respecto a su vecindario en Balcanes Occidentales y África.

La apertura de negociaciones con Macedonia del Norte y Albania se inició durante la crisis al ver como Serbia pedía ayuda a China. Además, Bruselas lanzó el paquete económico *Team Europe* para ayudar a los países más vulnerables de África, y a la vecindad de la UE: los Balcanes Occidentales, los países socios orientales, Oriente Medio, partes de Asia y el Pacífico, América Latina y el Caribe. Un fondo de 20.000 millones de euros que combinó recursos de la UE, sus Estados miembros e instituciones financieras, en particular el Banco Europeo de Inversiones y el Banco Europeo de Reconstrucción y Desarrollo.

La vecindad Este recibió 140 millones de euros para las necesidades más inmediatas de estas naciones y redirigió los recursos financieros existentes por valor de hasta 700 millones para ayudar a mitigar las consecuencias económicas de la crisis del coronavirus (Comisión Europea, 2020c). En África, Bruselas anunció un plan de ayuda de 3.800 millones de euros y 80 millones para laboratorios de pruebas de coronavirus africanos conectados a la Fundación Gates.

13.2. La Conferencia sobre el Futuro de Europa (CoFoE): un experimento fallido

Mientras la pandemia tenía lugar y se ponía en marcha la Europa Geopolítica hubo un intento de acercar, una vez más, las instituciones y sus políticas a la ciudadanía involucrando a la sociedad civil. La Conferencia sobre el Futuro de Europa (CoFoE) fue una serie de consultas celebradas en toda la UE entre abril de 2021 y mayo de 2022 con el objetivo de recabar ideas de los ciudadanos europeos para la reforma de la UE. Era una iniciativa destinada a dar a los ciudadanos la oportunidad de debatir sobre temas que preocupan acerca de la UE y su funcionamiento, tal como quedó reflejado en la Declaración Conjunta de los tres presidentes de las instituciones (Comisión, Consejo y Parlamento) de 10 de marzo de 2021, que marcó el punto de partida de la misma. En esta Declaración, los tres presidentes reafirmaron la ambición del proyecto: dar a los europeos «un mayor papel en la configuración de las políticas y ambiciones futuras de la Unión».

La Conferencia sirvió para crear un foro de debate en el que personas de diferentes edades, orígenes y perspectivas pudieron reflejar su visión para el futuro de la Unión Europea. Estas actividades fueron organizadas por las instituciones de la UE, los Estados miembros y los actores de la sociedad civil a nivel europeo, nacional y local. Los elementos centrales de la Conferencia incluyeron paneles temáticos ciudadanos, una plataforma digital, un evento europeo de la Juventud, eventos descentralizados y el pleno de la Conferencia

En los cuatro paneles temáticos de ciudadanos, cada uno de los cuales reunió a 200 ciudadanos de la UE seleccionados al azar y representativos de la diversidad de la Unión, se ofreció un espacio para debates que dieron lugar a recomendaciones que se enviaron al Plenario de la Conferencia. Los paneles se dedicaron a los siguientes temas:

- Panel 1: Economía más fuerte, justicia social, empleo y educación, juventud, cultura, deporte y transformación digital.
- Panel 2: Valores, derechos, estado de derecho, democracia y seguridad.

- Panel 3: Cambio climático, medio ambiente y salud.
- Panel 4: La UE en el mundo y la migración.

Los ciudadanos también participaron en los eventos a través de una Plataforma digital multilingüe que permitió la presentación de propuestas de reforma de la UE que podían ser discutidas y respaldadas por ciudadanos individuales. La plataforma también sirvió como repositorio y base de datos de todas las actividades realizadas.

Además, se celebró un Evento Europeo de la Juventud (EYE2021) , que reunió a más de 10.000 jóvenes europeos en Estrasburgo y en línea entre el 8 y el 9 de octubre de 2021 como culminación de las consultas de la CoFoE de la juventud dirigidas por el Parlamento Europeo; y eventos descentralizados organizados por ciudadanos y sociedad civil.

Por último, el Pleno de la Conferencia incluyó a miembros del Parlamento Europeo (108) y de los parlamentos nacionales (108), representantes del Consejo (54) y de la Comisión Europea (3), así como participantes de los Paneles de Ciudadanos Europeos (80), participantes de eventos nacionales y Paneles de Ciudadanos Nacionales (27), representantes del Comité de las Regiones (18), autoridades regionales y locales (6+6), el Comité Económico y Social Europeo (18), interlocutores sociales (12), la sociedad civil (8) y el Foro Europeo de la Juventud (1), debatió las propuestas realizadas por los Paneles de Ciudadanos y las ideas populares de la Plataforma Digital, adoptando las conclusiones incluidas en el informe final preparado por el Comité Ejecutivo de la Conferencia y dirigido al Parlamento Europeo, al Consejo y a la Comisión Europea. El Pleno de la Conferencia incluyó nueve Grupos de Trabajo dedicados a los siguientes temas:

- El cambio climático y el medio ambiente.
- Salud.
- Una economía más fuerte, justicia social y empleo.
- La UE en el mundo.
- Valores y derechos, estado de derecho, seguridad.
- Transformación digital.
- Democracia europea.
- Migración.
- Educación, cultura, juventud y deporte

En el caso de España, el Ministerio de Asuntos Exteriores impulsó el Marco español de consultas ciudadanas sobre el futuro de Europa abierto a todas las comunidades autónomas y a la Federación Española de Municipios y Provincias (FEMP). En total, 15 comunidades autónomas y dos ciudades autónomas participaron en dieciocho eventos autonómicos y seis eventos nacionales. Las conclusiones de los eventos fueron incluidas por los organizadores de cada uno de ellos en la Plataforma Digital de la Conferencia, formando parte así del acervo de contribuciones a la CoFoE.

Los copresidentes del Comité Ejecutivo de la Conferencia presentaron a los presidentes del Parlamento Europeo, del Consejo y de la Comisión el 9 de mayo de 2022 (día de Europa) un informe final con 49 propuestas y más de 320 medidas con objetivos concretos.

Las propuestas se estructuraron en los siguientes ámbitos temáticos:

- Cambio climático y medio ambiente: interés de los ciudadanos en una agricultura más sostenible y con menor uso de recursos fósiles.
- Economía: prioridad de derechos sociales sobre los económicos e igualdad fiscal en Europa.
- La UE en el mundo: reforzar la dimensión ética sobre la comercial y reducir el peso de la unanimidad en la Política Exterior.
- Valores y derechos: mejorar el estado de derecho, seguridad y mayor participación de los ciudadanos en la vida pública.
- Transformación digital.
- Incentivo de una mayor democracia europea aumentando la participación del Parlamento Europeo, Parlamentos nacionales, así como mayor implicación regional y provincial en la toma de decisiones.
- Migraciones.
- Educación, cultura, juventud y deporte.

Un mes después del acto de clausura de la Conferencia sobre el Futuro de Europa, la Comisión Europea (2022a) presentó una Comunicación en la que ofrecía su evaluación de lo que era necesario para el seguimiento de las propuestas, ofreció una visión general de los próximos pasos y estableció la mejor manera de aprender las lecciones de la Conferencia e integrar la democracia participativa en la elaboración de políticas y leyes de la UE.

El 9 de junio de 2022, el Parlamento Europeo (2022) adoptó una resolución en la que solicitaba la celebración de una Convención para la revisión de los Tratados de la UE con el fin de aplicar las propuestas de la Conferencia. El Consejo Europeo de los días 23 y 24 de junio de 2022 no respondió a la petición del Parlamento y aplazó la puesta en marcha de la Convención.

Algunas instituciones y expertos de la UE que dirigían los paneles inclinaron los debates hacia los resultados deseados. «Los aportes a la plataforma digital provinieron principalmente de grupos de presión bien organizados con experiencia técnica, en lugar de la llamada ciudadanía no comprometida» (Youngs, 2022).

Pese a que se celebraron más de 6.000 eventos en toda Europa y participaron más de 700.000 personas en los mismos, quizás no era ni el momento adecuado debido a la pandemia y pese a involucrar a la sociedad civil todo se terminaba cociendo desde arriba en un nuevo ejercicio de democracia participativa fallido para unos Estados miembros que no estaban preparados, una vez más, para la reforma de los tratados.

13.3. La UE ante la invasión rusa de Ucrania

La agresión de Putin a Ucrania en febrero de 2022 devolvió la guerra a territorio europeo. Los bombardeos y muertes en las calles ucranianas no se concebían en la Europa actual que despertó de la edad de la inocencia. Durante la guerra de Ucrania, los 27 Estados miembros de la UE dejaron de lado sus intereses nacionales para evitar la destrucción de sus valores y principios. La UE pasó del *soft power* a enviar cazas a Ucrania y a acordar la puesta en marcha de una misión entrenamiento militar al país, lo que significa un paso cualitativo en la seguridad y la defensa de Europa. La puesta en marcha del Fondo Europeo de Apoyo a la Paz para comprar armas y enviarlas a Kiev era una quimera antes de la invasión de Ucrania. Desde el 24 de febrero de 2022, la UE adoptó una serie de paquetes de sanciones[20] contundente y sin precedentes, en respuesta a la invasión de Rusia. Los 27 impusieron sanciones económicas al sector financiero, energético, transporte o defensa; también sanciones individuales, diplomáticas o restricciones a medios de comunicación. Entre las medidas destacó que el Banco Central de Rusia no pudiera utilizar sus reservas internacionales para paliar las restricciones económicas impuestas; la exclusión de Rusia del sistema de pagos internacionales SWIFT o prohibir la importación de petróleo o carbón ruso.

La única voz discordante fue la del primer ministro húngaro Viktor Orban, que durante la presidencia española bloqueó el nuevo paquete de ayuda económica a Ucrania por valor de 50.000 millones de euros. Días después, el dirigente húngaro dio su brazo a torcer, tras sentirse solo y amenazado en el Consejo Europeo con una congelación de los fondos europeos, y dio su respaldo a la medida.

Putin consiguió en la defensa europea, lo que la crisis financiera de 2012 supuso para la UE en sus avances en el terreno de la Unión Económica. Recordemos cuando España e Italia estaban al borde de la quiebra, el ex presidente del Banco Central Europeo, Mario Draghi, pronunció famoso discurso del (Whathever it takes...), es decir, «haremos lo necesario para salvar al euro». El Alto Representante para la Política Exterior de la UE, Josep Borrell, consiguió que Europa hiciese lo necesario para salvar a Ucrania.

El gobierno alemán también cambió su orientación y envió por primera vez armas y misiles a una zona de guerra para defender a Ucrania del ejér-

20 Medidas restrictivas de la UE contra Rusia por sus actos en Ucrania (desde 2014). https://www.consilium.europa.eu/es/policies/sanctions/restrictive-measures-against-russia-over-ukraine/

cito ruso. Una decisión que dejó de lado su tradicional restricción a exportar armas a zonas de guerra muy arraigada en el ADN alemán al igual que el pacifismo tras lo que supuso la II Guerra Mundial. La amenaza al orden internacional de postguerra dio alas al canciller Olaf Scholz que anunció también una partida de 100.000 millones de euros para mejorar su ejército y un incremento de más del 2 % del PIB del gasto en defensa. Además, Scholz hizo importantes sacrificios económicos como suspender el gasoducto North Stream II y excluir a Rusia del sistema de pagos internacionales SWIFT.

Europa dió más pasos en su escalada sancionadora con Moscú al evitar que el banco central de Rusia utilizase sus reservas internacionales por valor de 630.000 millones de dólares para paliar las restricciones económicas impuestas; al cerrar el espacio aéreo a los aviones rusos; o al prohibir las emisiones de la cadena proPutin Russia Today o de la agencia de noticias Sputnik con el fin de evitar la desinformación, aunque quizás esta medida de censura no fuese la más adecuada. Asimismo, la presidenta Von de Leyen se mostró taxativa sobre una posible ampliación de la UE hacia Ucrania: «son uno de nosotros y los queremos dentro».

Putin también consiguió estrechar los lazos entre la UE y los Estados Unidos. La relación transatlántica que quedó herida por la primera administración Trump fue cauterizando gracias a la guerra de Ucrania. La UE aumentó su presupuesto en defensa, como se le venía exigiendo desde la etapa Obama, y persigue una mayor autonomía estratégica, pero dentro de la OTAN con la que se va a seguir complementando. Ante la amenaza rusa, Suecia y Finlandia ingresaron en la Alianza Atlántica, pese a las amenazas vertidas desde Rusia si entraban en la organización.

Europa envió a Putin un mensaje de unidad en un momento en el que el apoyo de Estados Unidos a Kiev estaba en entredicho y más si Trump ganaba de nuevo las elecciones, como finalmente hizo. Bruselas no solo debía apoyar a Zelensky con ayuda económica sino también con apoyo militar y utilizar los beneficios de los activos rusos congelados para reconstruir Ucrania. Aun así, no es viable que la UE pueda cubrir el vacío económico que dejaría Washington, en caso de salida de la OTAN, en un momento de crecimiento económico frágil a este lado del Atlántico.

14

EL DESPERTAR GEOPOLÍTICO DE EUROPA

La crisis del Covid-19 y la posterior emergencia económica, además de la guerra en Ucrania empujaron a la UE a convertirse en un competidor geopolítico, pero para conseguirlo era necesaria una fortaleza interna para luego tener una política exterior fuerte.

Josep Borrell defendió que la UE no sería creíble en su ambición de ser un actor geopolítico, «si no somos capaces de resolver los problemas de nuestra vecindad inmediata» (European Parliament, 2019b). En el Este de Europa, la guerra entre Rusia y Ucrania tras la anexión de Crimea, la financiación rusa del populismo europeo o el reto de la desinformación fueron desafíos para Europa; a los que se unieron los que provinieron del Sur y del Mediterráneo, como la guerra civil siria, una Turquía desafiante en el Mediterráneo Oriental y los Estados fallidos de Irak y Libia, que dieron lugar a una gran ola de más de un millón de refugiados hacia Europa (González del Miño y Hernández Martínez, 2022), y pusieron en peligro la libre circulación en la UE.

La agresión rusa sirvió para el despertar geopolítico de Europa, acuñado por Borrell y Von der Leyen, que a muchos dirigentes europeos les cuesta identificarlo con medios militares en lugar de con herramientas económicas. De ahí que el futuro del Ejército Europeo no esté cercano y parece improbable salvo que sea dentro de la OTAN, reforzada durante el conflicto como institución de referencia en la defensa de Europa tras su ampliación a Finlandia y Suecia, con la aquiescencia final de Turquía y pese a las reticencias de Hungría. Una Alianza Atlántica que ha resurgido con este conflicto, pero cuyo retorno puede ser coyuntural con Trump de nuevo en la Casa Blanca. De ahí que a Europa no le quede más remedio que desarrollar sus capacidades militares, ante la desconfianza que genera Washington, y tendrá que aumentar su presupuesto militar.

Otro obstáculo que la Unión Europea debe vencer, si quiere hablar el lenguaje del poder y ser tomada en serio como actor geopolítico, es modificar el sistema de toma de decisiones por unanimidad en asuntos de política exterior, seguridad y defensa; que retrasa e incluso impide avanzar en cuestiones en las que los 27 no están totalmente de acuerdo.

Pese a los problemas que la UE ha sufrido desde 2009, las instituciones demostraron la resistencia del proyecto europeo, que avanza pese a pandemias, guerras y crisis como la energética, alimentaria, el aumento de la inflación o la recepción de miles de personas desplazadas por los conflictos. Cuanto más grave ha sido el problema, la respuesta se ha dado a una mayor escala europea. Durante la pandemia fue a través del programa de compra conjunto de vacunas y del plan de Recuperación; durante la guerra con los 12 paquetes de sanciones a Rusia, con el envío de armas y misiles, con instrumentos como *Repower Europe* (Comisión Europea, 2022) para afrontar el problema del gas con Moscú o a través de la Directiva de Protección Temporal (Consejo de la UE, 2022), que ha permitido la protección sanitaria, educativa y de alojamiento de manera rápida a los más de 6 millones de personas, que se han visto obligadas a trasladarse a territorio de la Unión Europea desde Ucrania (Calvillo, 2024).

14.1. La autonomía estratégica abierta

La incertidumbre que rodea a la política mundial ha traído la geopolítica a un primer plano y un nuevo modelo de globalización cada vez más regional para evitar la interrupción de las cadenas de suministro frente al que Europa responde a través de la autonomía estratégica abierta. La excesiva dependencia europea de terceros en sectores como el energético, alimentario, sanitario, digital o alimentario han obligado a los 27 a reducir esas vulnerabilidades. Para ello se trabaja en la necesidad de acelerar la neutralidad climática y la transición hacia las renovables; con una mayor autonomía industrial frente a China y Estados Unidos, a la vez que flexibiliza la política de competencia y se busca un mandato nuevo para el Banco Central Europeo en tiempos de guerra. También en el ámbito tecnológico y digital, donde se libra una batalla cruenta, la UE ha aprobado nuevas leyes como la de materias primas críticas (European Commission, 2020),la de Inteligencia Artificial (Parlamento y Consejo Europeo, 2024) o el Reglamento de Chips (European Chips Act, 2023) con el fin de ayudar a las empresas a invertir en microprocesadores; y en el ámbito de la seguridad y la defensa se avanza en la industria de la defensa europea con el incremento del gasto militar y en complementariedad con la OTAN, de la que sigue dependiendo la defensa territorial de la UE.

Como explicó el Alto Representante de la UE, Josep Borrell, en su Conferencia Anual de embajadores de la UE, la prosperidad europea se ha basado en una energía barata importada de Rusia, en el acceso a bienes baratos procedentes de China y en una seguridad dependiente de los Estados Unidos desde los años 50 (SEAE, 2022). Estamos en un mundo diferente en el que hay que ser lo más autosuficiente que se pueda en energía, materias primas críticas, materiales raros, entorno digital y con mayor autonomía en defensa. Borrell quiso transmitir a los 139 embajadores que el modelo europeo de libertad, prosperidad económica y cohesión social es el mejor, pero que no todos lo ven así en Asia, Latinoamérica o África, donde la rivalidad con China es manifiesta (SEAE, 2022) (Hernández Martínez, 2024). Además, aunque la relación transatlántica en estos momentos es buena, nadie asegura que en los próximos años y vuelva a resquebrajarse; por tanto, no parece que la dependencia defensiva y ahora también energética de los Estados Unidos sea lo óptimo.

El mundo actual es multipolar, con algunos jugadores que no se sienten reconocidos en los organismos internacionales y donde cada uno busca sus propios intereses, como se vio en las votaciones de la Asamblea General de Naciones Unidas sobre Ucrania, donde grandes potencias como India, China o Sudáfrica se abstuvieron de condenar a Rusia.

14.2. Comunicación en la UE Geopolítica: de la unidad frente a Rusia a la cacofonía en Gaza

El Alto Representante se puso al frente de la invasión de Ucrania y acusó a sus embajadores de ser reactivos y de no estar en modo crisis las 24 horas del día. Borrell se quejó de que los funcionarios del Servicio de Acción Exterior de la UE no eran capaces de informarle de manera rápida de lo que sucedía a su alrededor. El Alto Representante criticó el trabajo de las embajadas que la UE tiene repartidas por todo el mundo y reconoció que se enteró de que Rusia iba a invadir Ucrania por el secretario de Estado de Estados Unidos. Borrell defendió que las instituciones debían ser más rápidas a la hora de actuar y dudar menos; además invitó a los funcionarios a tomar más iniciativas y a ser audaces, cómo cuando se compraron armas para Kiev a través del Fondo Europeo para la paz o cuando se puso en marcha la misión de entrenamiento militar en Ucrania (SEAE, 2022).

Borrell también acusó a las oficinas diplomáticas de la UE de no estar presentes en los medios ni en las redes sociales y así es «difícil ganar las almas de la gente». De manera indirecta, el Alto Representante también hizo autocrítica del eurocentrismo cuando se trata de exportar el modelo político y económico de la UE a otras regiones del mundo «sin escuchar, sin ser empáticos» y sin tener en cuenta las emociones ni el atractivo de las políticas de identidad (SEAE, 2022).

Borrell no ahorró críticas al funcionamiento de las instituciones comunitarias y dio a entender las dificultades de comunicación entre el Consejo y la

Comisión e incluso señaló la descoordinación de las políticas europeas que funcionan en silos separados. El Alto Representante también señaló que no hay que levantar expectativas que no se puedan cumplir, pues Europa puede verse desacreditada si anuncia objetivos que luego no es capaz de implementar (SEAE, 2022)

El caso del conflicto palestino-israelí tras el ataque terrorista de Hamas a Israel el 7 de octubre de 20023 ha devuelto a la UE a la casilla de salida por la cacofonía de voces de las distintas instituciones europeas a la hora de afrontar este problema y la división entre los 27 Estados miembros en política exterior.

Nada más producirse el ataque de Hamás, el Comisario de Ampliación de la UE, Olivér Várhelyi, salió a la palestra de manera unilateral para anunciar que Europa suspendía la ayuda al desarrollo que recibe la Autoridad Palestina (Liboreiro, 2023). Su anuncio provocó disputas en el colegio de comisarios y reproches por parte de algunos Estados miembros. Después se explicó que solo se revisarían esas ayudas para que finalmente Borrell terminará anunciando el aumento de fondos para Palestina.

En la visita de Von der Leyen a Israel junto a la presidenta del Parlamento Europeo, Roberta Metsola, mostraron una solidaridad incondicional con el primer ministro israelí, Benjamin Netanyahu, por la masacre sufrida, lo que también marcó de nuevo la desunión entre los 27. La presidenta de la Comisión habló del derecho a la autodefensa de Israel sin citar el respeto al derecho internacional humanitario, lo que fue visto por algunas capitales europeas como una oferta de carta blanca a la actuación israelí en Gaza (Comisión Europea, 2023). El Alto Representante Borrell (SEAE, 2023) mantuvo una postura más equilibrada entre palestinos e israelíes y esto volvió a sumir en el caos y la confusión a los Estados miembros.

El conflicto palestino-israelí muestra una vez más la debilidad de la política exterior, de seguridad y defensa de la UE, ya que las decisiones las toman los Estados por unanimidad y no las instituciones más supranacionales como la Comisión. Esto no quiere decir que Von der Leyen no tenga sus competencias en política exterior, pero el Ejecutivo comunitario está torpemente posicionado en los tratados y tiene un papel menor que el del Consejo, en promover la política internacional de la UE; aunque lo haga a través de comunicaciones no vinculantes, opiniones u otras formas de *soft law* (Keukeleire and Delreux, 2022. P.91).

La Comisión, en ocasiones, ha hecho un uso de esta competencia para afirmarse como un actor de política exterior relevante y expresar una opinión sobre cuestiones sobre las cuales no tenía autoridad directa. El problema es que esta vez hemos topado con un conflicto que divide sobremanera a los Estados de la UE. Ante la clara posición inicial de Von der Leyen con Israel, los 27 aclararon que esa competencia de la política exterior les pertenecía a ellos (Consejo Europeo, 2023); aunque el Alto Representante de la Política

Exterior sea un híbrido de las dos instituciones, pues es vicepresidente de la Comisión Europea y, a la vez, preside el Consejo de Asuntos Exteriores en el que participan los ministros de los 27.

Italia, Alemania, y Francia suscribían junto a Reino Unido y Estados Unidos una declaración conjunta (The White House, 2023) de apoyo inequívoco a Israel con en la que expresaban su apoyo firme a Israel y su «condena inequívoca a Hamás y sus atroces actos de terrorismo», un grupo que «no ofrece nada al pueblo palestino más que terror y derramamiento de sangre»; mientras que en gobiernos como el español había ministros que no condenaban a Hamás o acusaban a Tel Aviv de genocida.

La división entre los países europeos también llegó a la ONU cuando votaron divididos la resolución de la Asamblea de Naciones Unidas para pedir el cese de hostilidades en Gaza. Francia y España votaban a favor, mientras Austria o Hungría lo hacían en contra, y Holanda, Rumania, Polonia o Alemania se abstenían (Naciones Unidas, 2023).

En este conflicto, ha habido gobiernos europeos que se han posicionado claramente con Israel como Alemania, Austria u Holanda; mientras que otros se han mostrado más propalestinos como Irlanda, España, Bélgica o Luxemburgo; los dos primeros reconociendo junto a Noruega el Estado palestino.

14.3. Una UE kantiana para un mundo hobbesiano

La Unión Europea tiene un ADN de potencia normativa y comercial, pero no de poder duro militar. En su corta vida, la UE se ha convertido en uno de los actores más importantes del orden internacional multipolar. Las relaciones internacionales cambian de un mundo unipolar dominado por Estados Unidos a un sistema multipolar donde el poder está más distribuido entre Estados, empresas y actores no estatales. Estados Unidos sigue siendo la potencia militar dominante, pero la influencia política, económica y tecnológica se está desplazando hacia países como China y la India (Muggab, R., 2024)

La transición de un sistema unipolar a uno multipolar genera una enorme volatilidad e incertidumbre. Por un lado, la guerra en Ucrania ha ampliado y fortalecido alianzas como la Organización del Tratado del Atlántico Norte (OTAN). Sin embargo, el próximo presidente de los Estados Unidos podría romper esa fortaleza transatlántica. Por otra parte, las guerras en Europa y Oriente Medio endurecen las posturas antioccidentales en muchos países que conforman del llamado Sur Global, donde algunos países llevan tiempo reclamando un sistema internacional más representativo.

Como demuestran las guerras en Gaza y Ucrania, los conflictos se resuelven cada vez más mediante el uso de la fuerza en lugar de las normas internacionales y las soluciones diplomáticas. El orden internacional liberal diseñado tras la II Guerra Mundial para prevenir los conflictos y fomentar la cooperación económica está en crisis. El nivel de incertidumbre y fragmentación va a más y la Comunidad Internacional ha entrado en una nueva carrera armamentística, dominada ahora por la tecnología y el nuevo dominio militar del ciberespacio. El gasto mundial en defensa aumentó por noveno año consecutivo en 2023, alcanzando un total de 2443 mil millones de dólares. El aumento del 6.8 por ciento en 2023 fue el incremento anual más pronunciado desde 2009 y elevó el gasto global al nivel más alto (Sipri, 2024). El aumento del gasto militar global en 2023 se puede atribuir principalmente a la guerra en curso en Ucrania y a las crecientes tensiones geopolíticas en Asia, Oceanía y el Medio Oriente.

Los desafíos globales se acumulan en un momento en que las fisuras internas se están profundizando, incluso en Occidente, donde el déficit democrático aumenta debido a la agudización de las desigualdades y a la polarización política y social. El nivel de satisfacción con la democracia en la UE no es muy alto. Muchos europeos no ven su país como democrático. Un poco más de la mitad (57 por ciento) de los encuestados están satisfechos con el estado de la democracia en su propio país (Democracy Perception Index, 2023). La insatisfacción es generalizada en toda Europa, Estados Unidos y otras democracias consolidadas. En Europa, solo un tercio de los húngaros, el 40 por ciento de los polacos y la mitad de los griegos (49), franceses (49) y holandeses (53) creen que su país es democrático. (Democracy Perception Index, 2023). El populismo está en ascenso en la mayor parte de la UE con los partidos de extrema derecha entrando en el Parlamento Europeo con más del 20 % de los diputados.

El papel de la Unión Europea en el orden internacional multipolar es complejo debido al enfrentamiento geopolítico entre bloques que ha surgido entre China y EE. UU y al declive del multilateralismo que es una de las señas de identidad de Bruselas. La UE se ha convertido en uno de los principales actores en el escenario mundial, que busca desempeñar un papel activo y constructivo en la configuración del orden internacional. Los 27 defienden el multilateralismo y han trabajado para fortalecer las instituciones internacionales como Naciones Unidas, la Organización Mundial del Comercio y otros organismos internacionales como foros para la resolución de conflictos, la cooperación económica y el desarrollo sostenible. La UE ha abogado por la adhesión a normas y principios internacionales, y ha defendido la importancia del derecho internacional y el respeto a los derechos humanos en la gobernanza global.

15

DIPLOMACIA PÚBLICA PARA COMUNICAR LA UE AL EXTERIOR

En un mundo globalizado, la UE tiene que mostrar que es una gran potencia y que está dispuesta a defender sus valores. En un momento de incertidumbre por las guerras en Gaza y en Ucrania y por el aumento de las tensiones geopolíticas entre las grandes potencias, una Europa más fuerte y que hable el lenguaje del poder necesita incrementar los instrumentos a su disposición, entre ellos el poder blando. El *soft power* es una herramienta política que usan las naciones para atraer por su cultura, valores políticos y políticas exteriores. En primer lugar, la cultura comprende los valores y prácticas tradicionales que se manifiestan en una sociedad y que forman una identidad reconocida tanto por sus ciudadanos como por actores externos. Esta se puede materializar en música, cine, gastronomía. En segundo lugar, los valores políticos deben reflejar valores universales, que sean compartidos por el resto de los Estados, tales como la democracia, el desarrollo económico o la libertad, para conseguir más atracción. Las instituciones políticas deben reflejarlos y actuar a nivel interno y externo acorde a ellos. Por último, la política exterior alude a la interacción con otros Estados que tendrá sus consecuencias sobre terceros países, que pueden verse atraídos o repelidos ante una determinada decisión. Por tanto, la combinación y el uso inteligente de los 3 elementos hará que un Estado pueda ejercer más o menos influencia sobre determinados actores (BENEDICTO, 2023).

La atracción que genera la UE basada en el poder blando hace que otras regiones del planeta diseñen estrategias para asemejarse a Europa, como es el caso de Mercosur o la Unión Africana. La diplomacia pública sirve para legitimar causas en la política mundial. Para NYE (2008) «es una herramienta indispensable para la promoción del poder blando de un país». Por ejemplo, la capacidad que tienen los 27 de negociar con actores no estatales e incluso de incorporar a la sociedad civil a la hora de legislar, le han puesto en uno de los primeros puestos en la línea de salida de las potencias con mayor aptitud para liderar la gestión de los problemas globales como el cambio climático.

Para la Comisión Europea (2007, p.12) el objetivo de la Diplomacia Pública (DP) consistía en «promover los intereses de la UE mediante el entendimiento, la información y la influencia. Esto significaba explicar las metas, políticas y actividades de la UE e impulsar el entendimiento de esos objetivos a través del diálogo con los ciudadanos, grupos, instituciones y medios de comunicación». Además, habría que utilizar a las Delegaciones de la UE con el fin de «escuchar» lo que piensan en terceros países sobre la UE, y saber conectar la DP con la política y ser creíbles. La vicepresidenta Wallström (2008) subrayó que «la diplomacia pública debe reflejar lo que somos y lo que representamos», por tanto, la creencia en el multilateralismo y el poder suave debe reflejarse en asuntos como el medio ambiente, el libre comercio, la democratización y los derechos humanos.

La diplomacia pública en la UE consistiría en la estrategia de información, educación y entretenimiento que tiene como objetivo el ejercicio de la influencia sobre un público extranjero. Sería una herramienta de comunicación de las instituciones para influir en la opinión pública de los países terceros con el fin de crear un ambiente receptivo para las metas de política exterior de los 27.

15.1. Actores de la Diplomacia pública europea

Las actividades de comunicación y la difusión de información o los programas educativos y culturales llevaban a cabo por separado y por múltiples actores (Comisión, Secretaría General del Consejo, delegaciones de la CE, representantes especiales de la UE, la presidencia rotativa del Consejo, etc.) con una variedad de competencias, instrumentos y a través de un marco de múltiples capas de políticas y programas. Esta situación se debía a que la Acción Exterior de la UE es de naturaleza dual, dividida entre una Comisión que usa el método supranacional y los actores e instrumentos de la Política Exterior y de Seguridad Común (PESC), que actúan con un carácter más intergubernamental. En última instancia, la política exterior de la UE era impulsada por los Estados miembros con su propia red diplomática y su aparato nacional de diplomacia pública.

Las reformas introducidas por el Tratado de Lisboa como el refuerzo de los poderes del Alto Representante para la Política Exterior y de Seguridad y Defensa (AR), que también es vicepresidente de la Comisión, o la institucionalización del Servicio Europeo de Acción Exterior (SEAE), se encaminaron a reforzar el poder de las instituciones europeas en la PESC, pero queda camino por recorrer para limar la unanimidad requerida en la toma de decisiones, que todavía le confiere a la PESC un marcado carácter intergubernamental.

La acción internacional de la UE con la PESC (método intergubernamental), y la acción exterior común de la UE (método comunitario) quedaron bajo el mando del AR; que participa en el Consejo Europeo (como AR), en el Consejo de la Unión Europea (como presidente del Consejo de Asuntos Exteriores) y, además, como vicepresidente de la Comisión Europea (con autoridad para coordinar el trabajo de otros Comisarios) y responsable de supervisar la acción exterior común de la UE. Esta arquitectura de la política exterior es una oportunidad para mejorar la Diplomacia europea mediante la definición de objetivos políticos en el exterior y con el apoyo de una diplomacia pública de la UE (Benedicto, 2016).

También se incorporó al SEAE una división de comunicación estratégica y la unidad de la diplomacia pública. Las delegaciones de la CE se convirtieron en delegaciones de la UE en virtud de Lisboa y formaron parte del SEAE bajo la autoridad del AR, lo que mejoró la comprensión, visibilidad y legitimidad de su misión. La sede central de la SEAE en Bruselas coordinó la comunicación y los programas de la Dirección General de Cooperación y Desarrollo (DG DEVCO). Las delegaciones de la UE están a cargo de la DP en el exterior al promocionar las acciones que se diseñan desde el SEAE y la Comisión en Bruselas; y desempeñan una función crucial en la comunicación de los valores de la UE, en las políticas y en los resultados de sus proyectos a los interesados de los terceros países. La labor de las delegaciones es vital para explicar qué es la UE, promover una imagen positiva de la misma en el mundo y su papel en la comunicación se ha vuelto más importante en el contexto posterior a Lisboa (SEAE, 2014).

Las delegaciones deben dirigir sus esfuerzos de diplomacia pública hacia una variedad de audiencias: grupos de expertos, mundo académico, líderes de opinión, organizaciones no gubernamentales, parlamentarios y otros políticos, sociedad civil, beneficiarios de la cooperación al desarrollo de la UE, una amplia gama de partes interesadas, incluidos el sector empresarial y el público en general. La audiencia pública general está constituida por ciudadanos de la UE dentro y fuera de Europa a los que se puede llegar, por ejemplo, a través de multiplicadores o herramientas web (SEAE, 2014).

Los ministros de Exteriores de la UE señalaron en octubre de 2016 que la Diplomacia Pública debería ser una de las prioridades estratégicas para implementar la Estrategia Global de la UE y señalaron »la necesidad de aunar esfuerzos en el campo de la diplomacia pública, incluida la comunicación estratégica, dentro y fuera de la UE, para hablar con una sola voz y, en última instancia, promover los valores fundamentales de la UE» (Consejo de la Unión Europea, 2016).

15.2. Tipos de Diplomacia pública en la UE: cultural, económica, digital y medios de comunicación

La UE desarrolla una serie de actividades y programas de diplomacia cultural, científica, deportiva, económica y digital e incluso apoya el desarrollo de medios de comunicación y redes sociales con el fin de atraer a audiencias externas y promover sus objetivos de política exterior. Vamos a analizar algunas de las iniciativas más destacables.

15.2.1. Diplomacia cultural, deportiva y científica

Los programas de intercambio se centran en responsables de políticas públicas, profesores universitarios o estudiantes, e identifican a personas con alto potencial para influir en un entorno concreto. Se persigue conectar a futuras elites mediante un contacto personal, esto es, la creación de redes profesionales que contribuyan al desarrollo de proyectos concretos en el campo de la tecnología, la innovación, la ciencia y el I+D. Entre los programas de intercambio destaca el de Visitantes de la UE (EUVP), que invita a jóvenes líderes y formadores de opinión no comunitarios desde 1974. Entre los ex alumnos del EUVP se incluyen muchos líderes políticos anteriores y actuales, funcionarios gubernamentales de alto rango, académicos y empresarios.

En cuanto a los programas de intercambio educativo financiados por la UE hacia países extranjeros destacan el Tempus o el Erasmus Mundus, de intercambio académico con países no comunitarios, que ha potenciado a partir de 2005 el intercambio de estudiantes y docentes entre los países de la UE y terceros países mediante la creación de másteres en la UE y países no comunitarios, apoyo a cátedras y programas de investigación, establecimiento de vínculos permanentes entre universidades europeas y no europeas, y con acciones para mejorar el atractivo de la educación superior europea en el exterior (Noya, 2007). El programa Erasmus+, que está abierto a participantes de casi todos los países del mundo, es el más conocido dentro de las actividades educativas Jean Monnet que promueven la investigación y enseñanza en el campo de los estudios de la UE.

La diplomacia pública financia la participación en ferias y festivales internacionales, las traducciones, la creación de espacios preferentes en las bibliotecas, o las emisiones internacionales o cofinanciación de proyectos de alguna naturaleza (el programa europeo audiovisual Media o Ibermedia). La apuesta por contenidos audiovisuales se explica por su facilidad para transportar emociones y valores (Manfredi, 2011).

El único programa europeo específicamente dedicado a la cultura es Europa Creativa. Sin embargo, el análisis de los proyectos muestra que solo el 14 % cuenta con un socio de fuera de la UE. El Año Europeo del Patrimonio Cultural en 2018 dio lugar a 23.000 eventos culturales tanto en la UE, como en Estados vecinos o en las Delegaciones distribuidas por el mundo, con participación de numerosos actores.

El festival de Cine de la UE apoya la organización de festivales de cine de la Unión en todo el mundo proporcionando una lista de películas nuevas que pueden utilizarse en festivales de cine locales y facilita la organización de eventos paralelos y formaciones para fomentar el diálogo y el entendimiento mutuo con el público y los socios locales.

En Europa hay numerosos instrumentos de diplomacia pública a nivel nacional (British Council, Alianza Francesa Göethe Institute, Instituto Cervantes etc,) que promueven la cultura europea, pero a nivel estatal y sin coordinarse entre ellos sino más bien en competencia para captar los corazones y las mentes de los ciudadanos de terceros países.

En cuanto a la diplomacia deportiva existe un acuerdo de cooperación entre la Comisión Europea y la UEFA (Unión de Federaciones Europeas de Fútbol) para avanzar en las prioridades de la Unión Europea con el deporte. La UEFA ofrece un fuerte altavoz en sus eventos para promover el estilo europeo y ayudar a superar problemas como el racismo, la exclusión social y la desigualdad de género. En los años 2017-2020, se dispuso el primer presupuesto por parte de la UE para un programa dedicado al deporte Erasmus + Sport, enfocado a apoyar proyectos deportivos que fomenten la inclusión y luchen contra la discriminación.

Para reforzar la posición de la UE en la ciencia, consolidar la innovación industrial y abordar problemas como el cambio climático, el transporte sostenible y la energía renovable; e intensificar la cooperación internacional en el ámbito de la ciencia y la investigación se puso en marcha hasta 2027 el programa marco de investigación e innovación (I+I) Horizonte Europa; que cuenta con un presupuesto de 95.517 millones de euros.

15.2.2. Diplomacia Económica

La Unión Europea como potencia económica, despliega una amplia gama de instrumentos para navegar por el complejo terreno del comercio y la diplomacia globales. Desde el fomento del desarrollo sostenible hasta la promoción de los intereses comerciales y la resolución de los desafíos geopolíticos, el conjunto de herramientas de diplomacia económica de la UE es amplio y dinámico (Dikanovc, 2024). En el centro de la diplomacia económica de la UE se encuentra el objetivo de promover el crecimiento, mejorar la competitividad y el desarrollo sostenible. La UE emplea una plétora de instrumentos, que van desde marcos de políticas y mecanismos financieros hasta negociaciones diplomáticas e iniciativas de asociación.

Uno de los pilares fundamentales de la diplomacia económica de la UE es la promoción del comercio y la inversión a través de iniciativas como el Acuerdo Económico y Comercial Global (AECG) y el Instrumento de Asociación (IAC). Estos acuerdos facilitan el acceso a los mercados, fomentan la integración económica y mejoran la posición de la UE en las redes comerciales mundiales. Además, la UE aprovecha su capacidad económica para abordar los desafíos mundiales más acuciantes, como el cambio climático, la escasez de recursos y la inestabilidad geopolítica. El Pacto Verde Europeo, por ejemplo, ejemplifica el compromiso de la UE con la sostenibilidad al trazar un camino hacia la neutralidad de carbono y la eficiencia en el uso de los recursos. A través de iniciativas como Horizonte 2020 y los Fondos Estructurales y de Inversión Europeos (Fondos EIE), la UE invierte en investigación, innovación e infraestructura para impulsar el crecimiento sostenible y mitigar los riesgos ambientales. Además, la diplomacia económica de la UE se extiende más allá de los canales tradicionales de comercio e inversión para abarcar la cooperación para el desarrollo y el desarrollo de capacidades. Iniciativas como el Instrumento Europeo de Vecindad (IEV) y el Instrumento de Ayuda Preadhesión (IPA) apoyan a los países socios en sus esfuerzos de desarrollo socioeconómico, promoviendo la estabilidad y la prosperidad en las regiones vecinas.

Para la eficacia de la diplomacia económica de la UE son fundamentales instituciones como el Servicio Europeo de Acción Exterior (SEAE) y la Dirección General de Comercio (DG TRADE), que coordinan y aplican políticas económicas en nombre de los Estados miembros de la UE. Mediante una planificación estratégica e intervenciones específicas, estas instituciones desempeñan un papel crucial en la promoción de los intereses y valores económicos de la UE en el escenario mundial. Además, la UE participa en asociaciones estratégicas con organizaciones internacionales, entidades no gubernamentales y otras partes interesadas para ampliar su impacto en la diplomacia económica. Iniciativas de colaboración como la Declaración Conjunta de la Cumbre de la Asociación Oriental demuestran el compromiso de la UE con el fomento de la cooperación económica y la integración regional, en particular en su vecindad oriental.

A pesar de su formidable poder económico, la UE se enfrenta a numerosos desafíos para avanzar en su agenda de diplomacia económica. Las tensiones geopolíticas, las medidas proteccionistas y las barreras regulatorias plantean obstáculos significativos a los objetivos comerciales y de inversión de la UE, lo que requiere estrategias adaptativas e intervenciones diplomáticas. Además, la naturaleza cambiante de la dinámica económica mundial, incluido el auge de las tecnologías digitales y la transición a una economía baja en carbono, presenta desafíos y oportunidades para la diplomacia económica de la UE. Para abordar estos desafíos, la UE debe entablar un diálogo con los países involucrados en conflictos o disputas y encontrar puntos en común en cuestiones económicas, como el comercio y la inversión. Además, debe contrarrestar las medidas proteccionistas mediante una participación proactiva en las negociaciones comerciales multilaterales y abogando por acuerdos de libre comercio que defiendan los mercados abiertos y la competencia leal. Su diplomacia económica podría implicar presión diplomática y negociaciones para abordar barreras comerciales específicas y prácticas discriminatorias, promoviendo la igualdad de condiciones para las empresas de la UE en los mercados globales. Además, la UE debe trabajar con otros países y regiones para armonizar las normas y regulaciones, facilitando el acceso al mercado y reduciendo los costos de cumplimiento para las empresas. Esto incluye la negociación de acuerdos sobre comercio digital, protección de datos y ciberseguridad, así como la promoción de la innovación y el desarrollo de capacidades digitales mediante la cooperación con otros países. No menos importante, la UE debería contribuir más al esfuerzo mundial para abordar el cambio climático y, al mismo tiempo, crear nuevas oportunidades para el crecimiento ecológico y la innovación.

Por lo tanto, la UE debe seguir siendo ágil e innovadora en su enfoque, aprovechando las tendencias emergentes para mejorar su competitividad e influencia en el escenario mundial. Su compromiso con la diplomacia económica seguirá dando forma a los contornos de las relaciones internacionales, impulsando el crecimiento sostenible y fomentando la prosperidad mundial. Al aceptar el cambio y forjar alianzas estratégicas, la UE está preparada para sortear las complejidades de la economía mundial y, al mismo tiempo, promover sus valores e intereses en el escenario mundial (Dikanovc, 2024).

15.2.3. El papel de los medios de comunicación europeos

Los medios de comunicación se han utilizado como herramienta de la DP para alcanzar audiencias extranjeras de manera directa con el fin de ser instrumentos de la política exterior, educar, entretener e incluso vender bienes y servicios. Algunos países se promueven y defienden su cultura y su lengua y a través de televisiones como la BBC World Service, Radio France Internationale o Deutsche Welle.

La década de los años ochenta fue una década de avances significativos en el sector audiovisual; el Parlamento Europeo exigió una televisión comunitaria y la Comisión Europea trabajó en la directiva de Televisión sin Fronteras (Consejo Comunidades Europeas, 1989) que proponía por primera vez utilizar la política europea de medios de comunicación de manera abierta y con fines políticos como la construcción de una nación supranacional.

A principios de los años 90 también se pondrá en marcha el programa MEDIA, con diferentes esquemas de subvenciones para apoyar el desarrollo, creación y distribución de obras audiovisuales europeas.

La falta de participación en las elecciones al Parlamento Europeo fue sentida en Bruselas como una amenaza para el proyecto europeo; por otra parte, las actividades de la maquinaria política de la UE carecían de una plataforma de televisión; es importante reconocer que las cumbres europeas, las discusiones sobre el Parlamento y las actividades de la Comisión no estaban cubiertas por los canales nacionales.

a) Canal Arte

El 4 de noviembre de 1988, durante la 52 Cumbre franco-alemana, Helmut Kohl y François Mitterrand anunciaron oficialmente la creación de un canal cultural de televisión franco-alemana y el 2 de octubre de 1990, se firmó un acuerdo en Berlín que proporcionaría las condiciones técnicas y jurídicas para la operatividad del canal.

Desde su inicio, Arte fue criticado por las condiciones de su concepción y calificado como el capricho de una política (UTARD; 2004). Aunque nació como una cooperación franco-alemana, Arte está hoy asociada a otros canales públicos: RTBF en Bélgica, SRG, SSR Idée Suisse en Suiza, TVE en España, TVP en Polonia, ORF en Austria, YLE en Finlandia, NPS en los Países Bajos, de la BBC en la Gran Bretaña y SVT en Suecia. La no linealidad y la transversalidad de sus contenidos han permitido a la cadena multiplicar notablemente su alcance en sus territorios más consolidados (los países de habla francesa y alemana), así como iniciar una nueva etapa en su trayectoria marcada por la expansión a nuevos mercados europeos, como España o Polonia.

De acuerdo con su artículo 2, el objetivo del Arte es favorecer la comunicación y el entendimiento entre las naciones europeas. Contrariamente a EuroNews, Arte no se especializa en la cobertura de noticias, el núcleo de su programación son documentales y la programación cultural que retrata temas europeos a través de historias humanas.

b) Euronews

A finales de los 90 las instituciones europeas firmaron un contrato de producción con EuroNews para producir diversos programas de información europea. El 1 de enero de 1993 nacía la cadena de televisión Euronews, auspiciada por 8 televisiones públicas de la Unión Europea de Radiodifusión (UER), la CYBC de Chipre, la FTV de Francia, la RAI de Italia, la RTBF de Bélgica, la RTP de Portugal, la RTVE española, y la YLE finlandesa. Además, su accionariado inicial contaba también con dos socios no comunitarios: la ERTU de Egipto y la TMC de Mónaco. Su misión era convertirse en el brazo audiovisual de la construcción europea. Según su primer director de Redacción, Pedro González[21] fue una iniciativa europea que pretendía romper el

21 Entrevista realizada a Pedro González, ex director de Redacción de Euronews. Año 2015.

monopolio de la información que ejercía CNN y que fue posible gracias al apoyo de líderes visionarios como Mitterrand, Felipe González, Bettino Craxi y Jacques Delors. Específicamente, este complicado encargo se traducía en que su objetivo era construir una identidad común europea entre los ciudadanos de los diferentes países de la Unión para favorecer la integración europea.

Euronews es una televisión paneuropea por satélite, con sede en la ciudad francesa de Lyon, que inicialmente se dedicó a la emisión de noticias, utilizando cinco idiomas (alemán, francés, italiano, inglés y español). Para ello contaba con un equipo de redactores multinacional que trabajan para una emisión de 20 horas al día.

Es importante tomar nota de la ausencia de alemanes y británicos entre los socios de la cadena paneuropea. Las diferencias entre los socios franceses y alemanes para la localización de la sede del canal dieron lugar al abandono alemán del proyecto. Sin estos dos socios importantes (Alemania y el Reino Unido están entre los cinco mayores productores audiovisuales del continente), el canal no podía considerarse como verdaderamente paneuropeo.

Según el profesor Richeri (1996), la televisión paneuropea es un «tipo de televisión que se caracteriza por el hecho de que sirve a un área geopolítica casi continental y, por lo tanto, internacional, multilingüística y multicultural». Su audiencia es de 6,8 millones de visitas diarias (IPSOS, 2022) en 160 países y 400 millones de hogares de todo el mundo.

Desde sus inicios, Euronews se concibe como un instrumento europeo para frenar la hegemonía televisiva de la CNN. El primer presidente de la cadena, el italiano Massimo Ficera, en una entrevista afirmaba: «Queremos hacer una televisión para los europeos, igual que la CNN hace una televisión con el punto de vista de los norteamericanos». Y no oculta su intención de hacer la «competencia» a la cadena americana Capella. (1993). Euronews nació como una copia europea de la CNN, para contrarrestar la influencia norteamericana, cada vez más importante, en el viejo continente. Otro de los principales objetivos teóricos de Euronews fue, desde su creación, la misión de construir una identidad europea común, complementando los servicios de noticias de las emisoras nacionales para proporcionar a la audiencia una visión europea de los acontecimientos informativos sucedidos en todo el mundo. Con ello, se pretendía forjar una identidad europea que identificara bajo su manto a los ciudadanos de los diferentes países que integran la Unión Europea (UE).

Una de sus funciones es constructiva (generar una identidad europea) y otra es destructiva (defender la cultura europea de la CNN erigiéndose en un competidor suyo para frenar su influencia creciente) (Richeri, 1994). Su aspecto defensivo respecto de la CNN y no constructivo, conlleva la marginación del objetivo de forjar una identidad común, que fue uno de los que motivó su nacimiento. Por lo tanto, el predominio de la filosofía anti-CNN en

Euronews dañó su capacidad como medio para generar una identidad europea, que facilitara el avance hacia la integración y permitiera que los ciudadanos conocieran mejor el funcionamiento de la UE y tuvieran una actitud más positiva hacia sus posibilidades de futuro, abandonando su atrincheramiento bajo identidades nacionales propias.

La segunda de las críticas a Euronews se refiere a su fórmula informativa, sobre todo a una de las características: la neutralidad informativa. Ello se debe, entre otras cosas, a que Euronews transmite a varios países simultáneamente, cada uno de estos estados tiene su cultura propia, que no tiene que coincidir al cien por cien con la del estado vecino. Así, para evitar que las diferencias culturales entre su audiencia le jueguen malas pasadas, ya que dependiendo de los contextos culturales pueden producirse malas interpretaciones sobre cualquier tema, Euronews adopta la neutralidad más aséptica a la hora de relatar sus noticias. La neutralidad se convierte en un intento por limar las diferencias propias de los países europeos. Así, según Richeri (1994) lo que se hace es «anular las diferencias». Además, la neutralidad lleva consigo un tono y, especialmente, la utilización de un lenguaje aséptico, más preocupado en quedar bien, en la forma, y en no herir sensibilidades que en introducir matices en las informaciones. Así, el redactado de las noticias, y también su locución, se convierte en un ejercicio monótono y aburrido que puede llegar a cansar en sobremanera a la audiencia. Esta actitud se agrava, aún más si cabe, cuando se informa sobre algún conflicto que afecta a dos países europeos. En estos casos las palabras parecen medidas para no despertar las iras de ninguno de los dos implicados. Algo que se deja notar en la noticia, que respira artificialidad y está construida con un lenguaje más propio de un notario que de un periodista (Casero, 2001).

Otro autor que ha insistido en esta crítica de la neutralidad de Euronews es Schlesinger (1996), que llega a calificar de «periodismo descafeinado» el formato de esta cadena europea de noticias. Este profesor considera que el periodismo de Euronews está más vinculado a las imágenes que a los contenidos, dejando a estos últimos en una posición subordinada respecto a las primeras. Además, afirma que las informaciones emitidas por esta cadena tienen «poco contenido europeo» debido a las barreras lingüísticas y la escasez de recursos económicos y humanos. Para Schlesinger. (1996) está clara la preferencia que la audiencia europea siente por los informativos nacionales en detrimento de los paneuropeos, como la oferta de Euronews.

Richeri (1996) señalo cuatro barreras o limitaciones que afectan a Euronews: la barrera técnica, la financiera, la cultural y la lingüística; que según el autor italiano «parecen no tener solución, al menos a corto o medio plazo, y que por tanto pesarán inevitablemente en el futuro de Euronews».

La barrera técnica se refiere a la lenta difusión de los medios técnicos de recepción de la televisión vía satélite —medio por el que se distribuía la señal de Euronews, junto a las redes de cable—, hasta el mes de marzo de 1999, cuando se inició el proceso de digitalización de la cadena, frenaba el acceso de este canal a la audiencia masiva porque en el caso de tener que efectuar una recepción individual, los gastos y costes de la instalación debían ser asumidos totalmente por la familia interesada en recibir esa cadena en su casa.

La barrera financiera nos introduce en el problema de la publicidad que sufre Euronews y, en general, el resto de las cadenas paneuropeas. La publicidad es uno de los recursos básicos de financiación de las cadenas televisivas en la actualidad, una dinámica a la que no es ajena Euronews. No obstante, el hecho de dirigirse a un mercado tan diverso y variado, con fuertes contrastes y diferencias culturales, hace que la publicidad encuentre ciertos obstáculos a la hora de comprar espacios en las cadenas paneuropeas. El público que consume la televisión paneuropea es de clase media-alta por lo que respecta al nivel de renta, un bocado verdaderamente apetecible para los publicistas. No obstante, además de la fuerza de la contradicción señalada, el otro factor que limita la entrada de publicidad en estas cadenas es que este tipo de público es el que menos ve o consume la televisión.

Los problemas de financiación hicieron que en 1995 Euronews tuviera que abrir su capital a la entrada de un socio privado, la empresa francesa Alcatel Alsthom, que poseía un 49 % de las acciones de la cadena. El resto estaba en manos del sector público. En 2002, el accionariado de Alcatel pasó a manos del grupo británico ITN , para en 2003 volver a ser mayoritariamente de capital público a través de la UER. Las limitaciones económicas juegan un papel muy importante en la ausencia de periodismo en vivo. Estas restricciones impiden el canal de tener una figura humana para impartir calor y vida a la corriente a veces frío y monótono de la información.

En cuanto a la barrera cultural, según Richeri (1996),»las costumbres de consumo televisivo varían sensiblemente de un país a otro dentro de Europa, sobre todo entre los países del sur y los del norte» del viejo continente. Ello hace que las franjas horarias de máxima audiencia cambien de una zona a otra. Las diferencias de entre los países del nórdico y mediterráneo afectan también a la concepción del periodismo en cada una de estas sociedades. Esto unido a otras diferencias significa que, según Machill (1997) es «prácticamente imposible organizar una parrilla de programación general que se adapte a las costumbres de audiencias televisivas» tan diferentes como las que existen en el norte y el Sur de Europa. Además de esto, las diferencias de días escolares y días de Europa hacen que la creación y programación de las temporadas de programas de televisión sea imposible armonizarla. Las regulaciones estatales sobre la decencia, los desnudos y escenas explícitas de violencia varían de país a país, lo que hace difícil la concepción de los productos audiovisuales que pueden atravesar fácilmente las fronteras nacionales.

Otra barrera para Machill (1997) es la lingüística. El uso de cinco idiomas, en estos momentos 17, en esta cadena europea provoca las siguientes consecuencias: diferencias en el tiempo de transmisión de las noticias, diferencias en la estructura de la noticia (se hacen diferentes redacciones para una misma noticia según el idioma), hace imposible la presencia de un locutor en pantalla y provoca que, en ciertas ocasiones, el texto de la información y sus imágenes no se relacionen. Ello hace que la prioridad de Euronews esté en las imágenes antes que el contenido de las noticias, algo que Schlesinger (1996) considera un factor negativo y una de las causas de que el periodismo que practica esta cadena sea «descafeinado». A esto también contribuyen las barreras lingüísticas que padece Euronews, según este autor.

En opinión de Richeri (1996), que se refiere en general a las cadenas paneuropeas, la «ley del mínimo esfuerzo» hace que la audiencia prefiera programas en su lengua natural. Las cadenas paneuropeas que transmiten en un único idioma, que suele ser el inglés, no pueden superar las reticencias lingüísticas de sus espectadores por ningún medio. «Sólo los canales especializados en algún campo (música o deporte) están en condiciones de superar barreras lingüísticas de una manera natural o con soluciones aceptables tanto desde el punto de vista técnico y financiero como del de la audiencia» (Richeri,1996).

Uno de los retos más importantes para EuroNews fue su enfoque multi-lingüístico. Dado el mosaico lingüístico que es Europa, el producto necesita ser adaptado a cada mercado. En 2004, el 91 por ciento de los europeos veía las noticias en su propio idioma, un 25 por ciento no hablaba ningún idioma extranjero y un 56 por ciento no utilizaba inglés para los negocios[22]. El servicio de noticias multilingüe se convierte en una necesidad» pues la diversidad lingüística imposibilita tener un presentador y corresponsales en vivo. Esta deficiencia se ha revelado como decisiva para la ausencia de calor y vida en la presentación de informativos en un canal de noticias «sin rostro».

Asimismo, difundir noticias en varios idiomas significa también combinar diferentes estilos periodísticos y hábitos. Conformado como un equipo europeo, EuroNews tenía armonizar estas diferencias. La información del canal se presentó desde un punto de vista europeo. El objetivo es ser europeo sin acabar en una mera yuxtaposición de estilos periodísticos nacionales. Los periodistas deben evitar a toda costa que suene a francés, alemán o inglés, estas lenguas son meros vehículos para llegar a un público europeo que es belga o suizo, pero al hablar francés, por ejemplo; las referencias nacionales también deben evitarse. Para Baisnee y Marchetti (2004) «La existencia de debates permanentes en el núcleo de la oficina de redacción muestra la dificultad de encontrar una coherencia editorial que puede satisfacer el equipo de periodista».

La necesidad de un espacio comunicativo europeo se ha argumentado de manera defensiva: identidad cultural europea versus americanización.

«Euronews no ha conseguido generar temas europeos que lleguen al espectador, no sólo desde el punto de vista técnico, sino también en el

22 Web de EuroNews: www.euronews.net, consultada en octubre de 2004.

sentido de que le preocupen, interpelen, afecten y susciten sus reflexiones». Ello nos lleva a la conclusión de que Euronews no ha informado sobre Europa, cosa que apuntan múltiples analistas. Esto se debe a que los temas referentes a la construcción europea no son icónicos, carecen de imágenes y, además, son complicados y difíciles de transmitir al público. Generalmente, las imágenes sobre la UE y su proceso de construcción provocan entre la audiencia un efecto molesto y poco atractivo, porque se suelen basar en reuniones monótonas de políticos. Así, se asocia la identidad europea con algo aburrido, gris y monótono, además de algo complejo y difícil de comprender. Por ello, Euronews ha contribuido a asociar, y difundir entre su audiencia, la identidad europea a una imagen más negativa que positiva. Y es que cubrir noticias europeas significa cubrir regularmente las actividades de las instituciones de la UE, como la Comisión Europea y el Parlamento Europeo. Algunos expertos sostienen que los procesos son aburridos, constituyen compromisos políticos en lugar de victorias y hay una falta de momentos culminantes.

Las imágenes son cruciales en la presentación de las noticias; y las que cubre EuroNews no son muy emocionantes. Esto representa un claro ejemplo de un déficit de imagen evidente pues la naturaleza de las noticias de la televisión requiere temas que sean llamativos y sensibles. Es difícil encontrar eventos que sean humanos y mantengan una cercanía a las personas cuando se informa sobre las actividades de la UE.

Los espectadores europeos no están familiarizados con las figuras políticas de la maquinaria europea. Además de sus propios representantes nacionales no hay muchas caras muy conocidas a nivel comunitario. Según Machill (1997) una «ausencia de símbolos políticos y los debates y las participaciones nacionales se perciben como esotéricas. La mayor consecuencia de este déficit simbólico es la dificultad de presentar en imágenes este juego político». En contraste con una nación, que posee un profundo simbólico, cultural, histórico, folclórico y anclaje sociales, la Unión Europea no representa una unidad política y cultural. Para Venturelli (1993), «la reinvención de la democracia a escala transnacional» a través de la programación de la televisión sin fronteras y políticas comunicacionales no es posible».

La incapacidad de Euronews para informar de una forma innovadora y original sobre los temas europeos constituye su segundo fracaso en su intento de crear una identidad europea común. La cadena paneuropea también ha fracasado en su intento de construir esa identidad europea por la falta de apoyo que ha recibido por parte de las instituciones públicas europeas. Esta carencia de ayudas públicas le llevó a afrontar su semiprivatización sólo dos años después de su creación, cosa que también ha añadido obstáculos a su intención de forjar una identidad común. Este hecho, la entrada de capital privada poco después de su creación, planteó serias dudas sobre la verdadera voluntad política de la UE en relación a su intención de construir un espacio comunicativo paneuropeo.

Las dificultades de crear una televisión paneuropea también radican en la escasez de sex appeal de las noticias comunitarias. Además, las noticias que se buscan son las que tienen mayor proximidad y relevancia local. La imposibilidad de vender Europa es más evidente que nunca, cuando las mismas imágenes saludos y llegadas en las cumbres europeas se ven una y otra vez, uno puede entender por qué el público general europeo no está muy interesado.

En 2001, tras una evaluación del contenido e impacto de los programas coproducidos por el Parlamento y la Comisión, se propuso actualizar e identificar las áreas de futura cooperación para un nuevo período de tres años. Según el documento Vitorino I, los fondos asignados a la difusión se reducirán progresivamente, mientras que aumentarán los asignados a la producción (mayor obligación de difusión, más programas de noticias y menos programas de tipo magazine) y se elevará la calidad de todos los programas (mayor calidad de imagen y contenido editorial más variado. «Los temas se seleccionarán sobre una base tripartita (Parlamento Europeo, Comisión, EuroNews), preservando no obstante la libertad editorial del canal», explica el documento.

La Comunicación de la Comisión de 9 de julio de 2003 pedía una evaluación *ad hoc* de la ayuda comunitaria a la cadena Euronews que realizó la sociedad especializada independiente Deloitte and Touche, previa adjudicación.[23] Las principales conclusiones de la evaluación son positivas: »Euronews es claramente relevante para los objetivos de la UE. Es eficaz para lograr los objetivos de proporcionar información desde la perspectiva de la UE a un gran número de personas y en varias lenguas. Su eficacia está inevitablemente limitada por las dificultades presupuestarias. Asimismo, es eficiente como socio de la Comisión en comparación con las alternativas comparables y con las normas del sector. Su utilidad está comprobada a través de encuestas (limitadas) sobre actitudes de los espectadores, pero depende también de la capacidad financiera... Dado el carácter y la posición singulares de Euronews, consideramos que ninguna otra cadena paneuropea hubiera sido igualmente adecuada o eficiente como alternativa para una asociación con la Comisión. Su coste medio por hora de emisión resulta extremadamente bajo en comparación con los costes medios de las cadenas de servicio público en Europa».

Desde 1993, fecha de sus primeras emisiones, Euronews se desarrolló en un mercado en acelerada evolución, tanto en oferta como en tecnología. Así, mientras el número de cadenas de difusión nacional o transnacional pasaba de 190 cadenas en 1993 a 1.132 en 2003, Euronews fue capaz de extender su red de difusión de 35 a 151 millones de hogares (CONSEJO DE EUROPA,

23 *Evaluation of Conventions and co-financing projects with Euronews in the period 1993-2003*. Draft Final report DG Budg/2000/S 203-130610, *European Commission*. DG PRESS, March 2004.

marzo de 2004). En segundo lugar, Euronews es la cadena de televisión con más bajos costes en Europa. En efecto, y según los estudios disponibles, el coste por hora de emisión de Euronews es claramente inferior al de las demás cadenas. De este modo, los fondos comunitarios, 3,6 millones de euros en 2004, permitieron cofinanciar 112 horas de producciones nuevas y 1.426 horas de emisión europeas.

No parece que haya otra herramienta de información capaz de obtener semejante relación calidad/rendimiento/coste. Por eso, el documento Vitorino III concluye que, a medio y largo plazo, resulta plenamente justificado mantener a Euronews, según recomiendan los evaluadores, en su calidad de socio de la Comisión en el marco de la aplicación de su estrategia audiovisual.

Para el profesor Felipe Sahagún[24], Euronews ha sido un fracaso porque algunas de las cadenas nacionales más importantes se quedaron fuera y cada Estado, a través de sus televisiones internacionales, ha intentado poner en marcha su propia televisión global al margen del resto. Euronews se ha convertido en una especie de cesta donde cada televisión nacional pone lo que quiere o le sobra. Además, la ausencia de rostros en esta televisión, que es el signo principal de identificación con el espectador, no es un tema baladí y es un lastre que debilita su capacidad de influencia. Según el ex portavoz de prensa de la Comisión Europea, Miguel PUENTE, no se puede forzar medios de comunicación europeos como Euronews «No podemos hacer propaganda ni medios de comunicación artificiales», concluye[25].

A nivel exterior, Euronews juega un importante papel como instrumento de la DP. Actualmente emite 24 horas al día de información internacional en 17 idiomas y llega a 400 millones de hogares en 160 países a través de cable, satélite digital y ventanas terrestres; y tiene 21 millones de seguidores en las redes sociales. Cuenta con un equipo de más de 400 periodistas de 30 nacionalidades diferentes y 11 oficinas alrededor del mundo.

La producción de programas en idiomas locales, con la asistencia del personal local en las delegaciones, que luego se ofrecen a las emisoras regionales o nacionales clave, puede tener efectos significativos para impulsar la diplomacia pública de la UE, sin incurrir en grandes gastos (DUKE, 2013).

c) De Presseurop a Voxeurop

Presseurop.eu, ahora denominado, Voxeurop fue el primer portal multilingüe de información general de Europa. Creado por iniciativa de la Comisión Europea, Presseurop , en línea desde el 25 de mayo de 2009, goza de total libertad editorial y está gestionado por cuatro empresas de prensa con una larga experiencia en el tratamiento de noticias y temas de actualidad de la

24 Entrevista realizada a Felipe Sahagún, periodista y profesor de Relaciones Internacionales en UCM. 2015

25 Entrevista a Miguel Puente, portavoz de la Comisión Europea en España. Año 2015.

prensa internacional: Courriernternational (Francia), Internazionale (Italia), Forum-Polityka (Polonia) y Courrier Internacional (Portugal). Presseurop pretende crear un nuevo espacio público de debate siguiendo la vida de Europa a través de sus prensas nacionales. Tras la desaparición de Presseurop en 2014 se lanzó Voxeurop que recuperó los contenidos de Presseurop. Tiene una audiencia 1,25 millones de visitantes únicos en 2016 y se publica en diez idiomas y está dirigido a una audiencia paneuropea. Además de los acuerdos con cerca de 200 medios de comunicación europeos e internacionales para la traducción de sus artículos, Voxeurop también ha firmado numerosos acuerdos con medios franceses y extranjeros para la publicación de artículos en web.

d) Euranet y Europe by Satellite (EBS)

La European Radio Network Project (Euranet) es una red de emisoras europeas creadas por iniciativa de la comisaria Wallström en 2008 para informar desde un punto de vista europeo. En el mes de noviembre de 2012, antes de terminar su colaboración con la Comisión Europea, Euranet negoció otro acuerdo con el Parlamento Europeo para producir información europea sobre todo centrada en las futuras elecciones europeas de 2014. Euranet seguía siendo una red de radios independientes, que elaboraban de manera conjunta información europea cubriendo distintos espectros: política, sociedad, cultura, economía, etc.; y para su difusión utilizó la plataforma web de Euranet (euranet.eu).

En la actualidad Euranet Plus está compuesta por 15 emisoras públicas y privadas líderes en la Unión Europea, con un alcance diario acumulado de más de 13,8 millones de oyentes; que emite en 15 lenguas oficiales de la UE, y ofrece contenidos europeos a través de sus emisoras internacionales, nacionales y regionales en 15 países de la Unión Europea.

Europe by Satellite (EBS) es un servicio de la Comisión que sirve imágenes de todas las instituciones europeas como si fuera una agencia a los medios de comunicación desde 1995. Los contenidos de EBS son desde las ruedas de prensa de la Comisión a los plenos del Parlamento, que también se emiten on line, con una mezcla de eventos en vivo y noticias sobre políticas y asuntos de la UE.

e) Político.eu

No ha habido muchas iniciativas de prensa paneuropea que hayan tenido un gran éxito. Euroactiv, EUObserver o European Voice son algunos ejemplos, pero es curioso que haya sido una cabecera norteamericana *on line* la que se haya ido imponiendo en los últimos años: Político.eu. El proyecto lo pusieron en marcha en 2015 entre el grupo de comunicación alemán Axel Springer y el estadounidense Político que compraron el portal digital European Voice, con sede en Bruselas. Su objetivo era convertirse en líderes de información en profundidad sobre política en Europa y sobre los políticos a través del relanzamiento de una nueva web, una publicación semanal en papel con análisis más largos y profundos, la organización de eventos y conferencias y la edición europea de Politico.pro, el área de contenidos de pago (Moltó y Tamames, 2015).

Su seguimiento de la agenda legislativa y los asuntos regulatorios les ha llevado a tener éxito en la burbuja de Bruselas, pero sin llegar al público generalista.

15.2.4. Redes sociales y diplomacia digital

a) Redes sociales

La Unión Europea utiliza de forma eficiente las redes sociales para comunicar sus mensajes y promover sus valores en la arena internacional, demostrando su compromiso con el proceso de digitalización. TikTok, Instagram y X (Twitter) son las plataformas más utilizadas ya que ofrecen un alcance masivo y una audiencia diversa alrededor de todo el mundo, convirtiéndose en canales digitales efectivos y eficientes en cuanto a la comunicación estratégica europea y en cuanto a la promoción de valores hacia los más jóvenes.

Si analizamos cada una de ellas podemos concluir que TikTok es una plataforma para llegar a un público más joven y comprometerlo con temas relacionados con la Unión Europea. A través de videos cortos, creativos y entretenidos, la UE aborda cuestiones como la sostenibilidad ambiental, los derechos humanos, la igualdad de género y otros temas relevantes para los jóvenes. Estos videos no solo informan, sino que también buscan generar interacción y participación, fomentando así un diálogo activo sobre asuntos importantes. La cuenta oficial del Parlamento Europeo alcanza los 26.200 seguidores.

X (Twitter), por otro lado, se utiliza como un canal principal para la comunicación oficial y la interacción directa con ciudadanos, medios de comunicación y líderes de opinión. La UE publica actualizaciones sobre políticas, anuncios de eventos y declaraciones oficiales, lo que le permite mantenerse conectada con una amplia audiencia en tiempo real. Además, Twitter proporciona un espacio para el diálogo abierto y la respuesta a preguntas e inquietudes de los ciudadanos, lo que promueve la transparencia y la participación pública en los asuntos de la UE. La cuenta oficial de la Comisión Europea llega a los 1,8 millones de seguidores.

Instagram se utiliza principalmente como una plataforma visual para compartir historias y destacar proyectos, iniciativas y logros de la UE en diversos ámbitos. La UE muestra su trabajo en áreas como la cooperación internacional, el desarrollo sostenible, la cultura y la educación. Podemos observar cómo existen diferentes cuentas correspondientes a diferentes instituciones de la Unión: Comisión Europea, Consejo Europeo, Consejo de la Unión Europea, así como las diferentes Delegaciones europeas en países latinoamericanos como República Dominicana, Venezuela, Argentina y cuentas oficiales para la acción exterior «eudiplomacy», para datos estadísticos «eu_eurostat» e incluso para fomentar el empleo europeo «eucareers».

Pocas semanas antes de las elecciones europeas de 2024, TikTok se convirtió en una herramienta ideal para luchar contra las *fake news* y abordar una información y comunicación estratégica veraz y transparente. En Instagram se puso en marcha la campaña #EUandME, en la que la UE produjo una serie de videos cortos que mostraban cómo las políticas y programas europeos impactaban en la vida diaria de los jóvenes. Estos videos, que abordaban temas como la movilidad, el emprendimiento y la diversidad cultural, se compartieron ampliamente y generaron un diálogo activo entre los usuarios más jóvenes, alcanzando casi las 25.000 publicaciones. En X (Twitter), desde la cuenta oficial de la Comisión Europea, se reflejó el compromiso europeo para con la cuestión palestina y su contribución financiera en términos de ayuda humanitaria; destacando una vez más la naturaleza europea, su compromiso con los principios de ayuda humanitaria y cooperación al desarrollo, y su presencia como actor internacional en el conflicto actual de Oriente Medio.

b) Diplomacia digital para el mundo geopolítico: el caso de Ucrania

La diplomacia digital tiene cada día mayor importancia y el uso de las redes sociales es cada vez más intenso y esto plantea el reto de ser capaz de comunicarse de manera efectiva en el uso de estas nuevas herramientas. Como hemos visto, el público más joven suele usar las redes sociales, podcasts etc. para informarse y comunicarse. El SEAE (así como DEVCO y Comercio) reconocieron su importancia y abrió cuentas en Facebook, Twitter y Flickr e Instagram, así como muchos funcionarios de la UE. Un creciente número de delegaciones de la UE están presentes en las plataformas sociales con el aliento de la SEAE (y de la Comisión) para hacerlo. Un papel que puede desempeñar bien el personal local ya que gracias al conocimiento de las lenguas y dialectos locales pueden alcanzar mejor a los públicos que deseen.

La e-diplomacia es una herramienta cada vez más importante para llegar a públicos más allá del gobierno de que se trate y, por tanto, de importancia contactar con los líderes de opinión, influencers, periodistas y la sociedad civil. Para Simon (2013) los acontecimientos que condujeron a la Primavera Árabe fueron un recordatorio especial importancia que la diplomacia pública de la UE debe extenderse más allá de los diálogos oficiales hacia otras asignaturas de la diplomacia contemporánea multinivel, aunque las redes tengan sus carencias a la hora de mantener diálogos sostenidos sobre temas complejos.

El Consejo de la Unión Europea (18 de julio de 2022b) invitó al Alto Representante de la UE a desarrollar una formación en diplomacia digital para los diplomáticos de los Estados miembro con el fin de mejorar sus capacidades y establecer una comprensión de la tecnología en la geopolítica, así como asegurarse de que la diplomacia europea es «adecuada» para la era digital. Asimismo, el Consejo indicó que la diplomacia digital en la Unión Europea se convierta en un componente central y una parte integral de la acción exterior de la UE; y que haya una mayor coordinación con otras políticas exteriores de la UE en materia de Ciberseguridad y lucha contra las amenazas híbridas, incluida la manipulación e interferencia de la información extranjera.

Los propios líderes de las instituciones europeas han dado ejemplo en el uso de la diplomacia digital al inicio de la guerra en Ucrania. Tras haber analizado el perfil de Twitter de Josep Borrell, la cuenta de Instagram y Twitter de Ursula Von der Leyen y el usuario de Twitter, Instagram y Facebook de Charles Michel entre el 17 de febrero y el 17 de marzo, observamos que desde del estallido del conflicto de Ucrania, se produjo un incremento en el número de publicaciones en las diferentes redes sociales de los perfiles analizados. Hasta el 24 de febrero (día en el que Putin inició la invasión) la frecuencia de tweets era relativamente baja en comparación con la frecuencia posterior. Como consecuencia de ese incremento y también del interés de la ciudadanía en el conflicto de Ucrania, todos los perfiles analizados experimentaron un aumento en su cifra de seguidores y, por consiguiente, un aumento también en la interacción de sus publicaciones. La diplomacia digital permite dar a conocer y proyectar con mayor eficacia las posiciones de la UE sobre la guerra y la unidad de los 27, evitando que sean otros los que cuenten la historia.

En segundo lugar, los tres políticos abordaron el conflicto de Ucrania desde una misma perspectiva. Condenaron los actos cometidos por Putin y pidieron el cese de la invasión a Ucrania. Tanto Josep Borrell, como Ursula Von der Leyen y Charles Michel informaron a sus seguidores, especialmente vía Twitter, de lo que ocurría en Ucrania, del avance de las tropas rusas y de la situación que tenía que afrontar el pueblo ucraniano. Los tres subrayaron las medidas que tomó la Unión Europea frente a la invasión, por ello le dedicaron un amplio espacio en sus redes al aspecto de las sanciones impuestas a Putin. Von der Leyen, de hecho, dedicó unas historias destacadas de Instagram únicamente a este tema, donde explicaba de manera atractiva y concisa las áreas a las que afectarían dichas sanciones a Rusia. La presidenta también abordó otros temas relacionados con el conflicto que preocupaban a los ciudadanos europeos, como es la dependencia energética de Rusia. De entre los tres, es la que más espacio dedicó a ese asunto, proporcionando incluso gráficos al respecto en su cuenta de Twitter (Benedicto, 2023).

Los tres optaron por una diplomacia digital que mostró a la población la situación de la invasión, lo que supuso un acierto, dado que optar por la desinformación en ese caso habría sido un error. Asimismo, los tres dirigentes de la UE fueron conscientes del poder de la imagen y el vídeo en las plataformas digitales actuales y así lo reflejaron en sus redes sociales. Sin embargo, Von der Leyen es la que, con diferencia, recurrió a una mayor cantidad de recursos audiovisuales en sus diferentes perfiles y consiguió transmitir de una manera más atractiva y concisa lo que ha ocurrido al inicio de la guerra de Ucrania.

Por último, resulta relevante destacar que transmitieron valores como la solidaridad, pero recalcaron especialmente el concepto de una Unión Europea unida para afrontar la invasión de Ucrania por parte de Rusia y que la tecnología se ha vuelto esencial para ayudar a cambiar el equilibrio geopolítico de poder

15.3. Desinformación en la UE geopolítica: el papel de Rusia y China

Otra perspectiva que hay que tener en cuenta en el fenómeno de la desinformación es la geopolítica. Durante la COVID-19, China y Rusia llevaron a cabo campañas de desinformación dirigidas a ganar el apoyo público no sólo entre los electores nacionales, sino también entre las audiencias extranjeras (Gelhaus y Dinkel, 2021) (Valenza, 2021).

El Servicio Europeo de Acción Exterior (SEAE) acuñó el término manipulación e injerencia de la información extranjera (FIMI) en 2021. Lo define como »comportamiento que amenaza o tiene el potencial de afectar negativamente a los valores, procedimientos y procesos políticos», y que es de »carácter manipulador» y »llevado a cabo de manera intencional y coordinada», involucrando a »actores estatales o no estatales, incluidos sus representantes dentro y fuera de su propio territorio». Esta definición refleja el mandato exterior del SEAE, con un enfoque explícito en los actores estatales autoritarios como Rusia y China (European Parliament, 2024) cuyas campañas se dirigen, sobre todo, a procesos electorales, pero como indica Fernández Rodríguez (2024: 106) también se perciben con claridad en el posicionamiento en sectores económicos o estratégicos y en la imagen internacional de los Estados miembros,

En un mundo cada vez más digital, existe mayor margen para la difusión de noticias falsas y bulos y, desde el inicio de la pandemia, tanto Rusia como China han desplegado una intensa labor de comunicación en torno a la Covid 19 con sus propios métodos y campañas de desinformación (Zabala, 2022). La desinformación, que es definida por la UE como una amenaza híbrida, demanda una compleja respuesta diplomática y de seguridad por parte de las instituciones europeas y de los Estados miembros, en conjunto, en especial del Servicio Europeo de Acción Exterior, que hace frente a esas amenazas. La desinformación utilizada por actores estatales y no estatales, internos y externos a la Unión Europea (UE), sobre todo desde 2014, ha servido para desestabilizar la democracia en Europa, erosionar la confianza en las instituciones y en los medios de comunicación, buscar la división en las sociedades europeas con narrativas alternativas como por ejemplo en Ucrania; con falsos mitos en apoyo del Brexit; o con el fin de desprestigiar a la Unión y dividirla mediante la introducción de información manipulada en procesos electorales (BENEDICTO, 2020). El uso de *fake news* también puede ser geopolítico, como en el caso de Rusia, para evitar intrusiones en su área de influencia al intentar debilitar a sus oponentes creando tensiones internas o incluso revueltas sociales desde el exterior. Desde 2015, la UE se puso en marcha para frenar la desinformación proveniente de Moscú y creó el grupo de trabajo *Stratcom* con el fin de contrarrestar las noticias falsas en favor del Kremlin que se distribuían en los países de la vecindad oriental europea. Durante la pandemia, China optó por una narrativa internacional que ya no pasaba solo por censurar las críticas que recibe, sino por el uso de la desinformación y de las teorías de la conspiración al estilo ruso. Para enfrentarse de manera abierta a Occidente, China utilizó la diplomacia del guerrero lobo para llevar a cabo los elementos más agresivos de su campaña, con enfrentamientos dialécticos en twitter. Por su parte, la UE no debe tratar solo de defenderse de las operaciones terceros países, sino que necesita ser capaz de crear marcos narrativos alternativos a nivel geopolítico como forma de combatir la desinformación en una esfera pública débil e incipiente como es la europea. (BENEDICTO, 2021)

El giro geopolítico de la UE y hacia la securitización también han llegado a la desinformación en los últimos años y como dijo BORRELL (2020) hay que »aprender el lenguaje del poder». Con el auge que va a tener la IA generativa en los próximos años, la desinformación se ha convertido en parte de un panorama de seguridad más amplio. Sin embargo, para construirlo, la UE se enfrenta a muchos retos. Uno de estos desafíos ya parte de dos conceptos opuestos, la securitización y la autorregulación, un contraste entre la visión del poder duro frente al poder blando basado en el voluntarismo (CASERO-RIPOLLÉS *et. al.*, 2023).

El 21 de marzo de 2022, el CONSEJO DE LA UE (2022a) aprobó la Brújula Estratégica, que proporciona una evaluación compartida del entorno estratégico europeo, identifica las amenazas y los retos para la seguridad y establece objetivos claros para avanzar en materia de seguridad. El CONSEJO DE LA UE (2022a, p.28) se comprometió a elaborar «un conjunto de instrumentos contra la manipulación de información y la injerencia por parte de agentes extranjeros» y a mejorar «las capacidades de comunicación estratégica y de lucha contra la desinformación de la UE». Unos meses después, avanzada la guerra de Ucrania, el CONSEJO DE LA UNIÓN EUROPEA (2022b) se felicitó por la labor realizada por la División de Comunicaciones Estratégicas del SEAE y de sus grupos de trabajo sobre desinformación de terceros países, pero pide una mayor implicación de las Delegaciones de la UE y de la red diplomática de los Estados miembros en toda la vecindad de la UE y fuera de ella para que pongan en común conocimientos sobre las actividades de la manipulación de información y la injerencia por parte de agentes extranjeros.

Asimismo, en la Brújula Estratégica, los 27 se comprometieron a responder con rapidez y contundencia con instrumentos de ciberdiplomacia tanto a ciberataques como a las actividades informáticas malintencionadas con respaldo estatal contra infraestructuras críticas y los ataques con programas de secuestro de archivos.

En capítulos anteriores hemos visto como la UE puso en marcha desde 2015 diversas herramientas para luchar contra la desinformación hasta las elecciones de 2019. La mayoría de las acciones para combatir la desinformación estaban dirigidas a terceros y, principalmente, a la desinformación y la guerra de propaganda rusas y a los métodos de guerra de información, desinformación y radicalización del Daesh.

En 2019, la UE estableció un Sistema de Alerta Rápida (RAS por sus siglas en inglés) tanto en las instituciones europeas como por los Estados miembros, con el fin de detectar en el menor tiempo posible las campañas de desinformación emergentes y la creación de una respuesta coordinada a nivel comunitario.

El proyecto SOMA (Observatorio Social de la Desinformación y el Análisis de las Redes Sociales), creado en 2018 para combatir la desinformación en Europa mediante la colaboración interdisciplinaria y el desarrollo de herramientas avanzadas con el fin de crear un entorno sólido para aumentar la concienciación contra la desinformación, fue ampliado con el Observatorio Europeo de Medios Digitales (EDMO, en sus siglas en inglés) que, con más recursos, introdujo centros nacionales para formar una red paneuropea. Con los 14 centros puestos en marcha hasta la fecha, ha aumentado la capacidad para hacer frente a la desinformación perjudicial a nivel nacional y de la UE, y analizar su impacto en la sociedad y la democracia.

Como hemos visto la fase de consolidación de la lucha contra la desinformación se desarrolló en torno a 2018 y 2019, pero la doble crisis de la COVID-19 y la guerra en Ucrania aceleraron el compromiso en la lucha contra las *fake news* y la Comisión Europea (2020b) puso en marcha el Plan de acción para la democracia europea (2020) para buscar un ecosistema digital responsable y transparente, fortalecer los mecanismos ya existentes como el RAS, la rendición de cuentas de las plataformas online, y se planteó la actualización del Reglamento general de protección de datos (RGPD).

También se presentó el Reglamento de Servicios Digitales (2022) (DSA, por sus siglas en inglés), según la cual todos los intermediarios están obligados a combatir los contenidos ilícitos, como los contenidos terroristas y la incitación al odio. Sin embargo, las plataformas y los motores de búsqueda de gran tamaño (VLOSE), con más de 45 millones de usuarios, tienen una mayor responsabilidad a la hora de frenar los contenidos socialmente nocivos en la UE, incluida la desinformación. La DSA busca que la aplicación sea para toda la UE, con el fin de armonizar las normativas existentes en cada EEMM y evitar la fragmentación y desarmonización, con el surgimiento de numerosos reglamentos en los legislativos de los 27 (Cotino Hueso, 2022: 208-211). A fin de garantizar una aplicación adecuada y coherente de la Ley de Servicios Digitales en toda la UE, ésta exige a los Estados miembros que designen coordinadores de servicios digitales (LLSD) para supervisar las plataformas en línea con en sus países, y apoyar las investigaciones de la Comisión (European Parliament, 2024)

El DSA introdujo el artículo 36 a, que describe un »protocolo de crisis» con el que la Comisión Europea podría exigir a uno o varios grandes proveedores de servicios de internet en casos de crisis grave que apliquen inmediatamente medidas »específicas, efectivas y proporcionadas» para prevenir, eliminar o limitar contenidos que supongan »amenazas graves». Se trata de una medida de excepción que afecta a la libertad de expresión, pero para cuya aplicación, según esta nueva norma, no parece necesario establecer control judicial alguno.

En línea con la DSA, en 2024, la Comisión realizó hasta 17 solicitudes formales de información (RFI) a diferentes plataformas digitales como, por ejemplo: Google Search, Instagram, YouTube, X o Bing, donde se pide que faciliten informes con las medidas que han tomado para mitigar los riesgos de la IA generativa que da lugar a autogeneración de contenidos falsos y a la posterior viralización de estos. La fecha límite que la Comisión impuso fue el 5 de abril de 2024 para las cuestiones relacionadas con la protección contra la propaganda electoral en relación con la autogeneración de contenidos por IA, de cara a las elecciones europeas.

También, dentro del ya mencionado Plan de Acción para la Democracia europea, y concretamente en el paquete legislativo que aprueba la Comisión en noviembre de 2021, para reforzar la democracia y la integridad de las elecciones, se incluyó una propuesta de Reglamento sobre la transparencia y la segmentación de la publicidad política. Esta propuesta buscaba la armonización de las normas acerca del uso de las técnicas de microsegmentación, y el de datos personales para una finalidad de publicidad de índole política, englobando a todos los actores implicados: partidos políticos, empresas analistas de datos, plataformas tecnológicas y redes sociales. La propuesta también menciona la peligrosidad y necesidad de prohibir completamente la participación económica de organizaciones o partidos políticos ajenos a la UE en las campañas electorales de los partidos que se presentan. La financiación de las campañas debe estar definida y controlada, ya que, además de dar lugar a corrupción, también puede conllevar ataques de potencias extranjeras que cuenten con motivaciones geopolíticas o cibercriminales para las que quieran generar inestabilidad política dentro de la UE (García Mahamut, 2023: 81-88). Con esta propuesta de Reglamento se busca que la publicidad política se dé en un contexto de democracia con normas armonizadas y transparentes, y sin microsegmentación a partir de datos personales y sin intervención de agentes externos a la UE. Finalmente, esta propuesta se materializó como Reglamento (UE) 2024/900 del Parlamento Europeo y del Consejo, de 13 de marzo de 2024, sobre transparencia y segmentación en la publicidad política, con la intención de que entrase en vigor antes de la celebración de las elecciones europeas de junio de 2024, como parte de un paquete electoral de recomendaciones para la protección de incidentes de ciberseguridad, campañas de desinformación y transparencia online.

El Reglamento (UE) del 19 de octubre de 2022, relativo a un mercado único de servicios digitales, regula un amplio abanico de cuestiones, como las diferentes medidas para luchar contra contenidos y servicios ilícitos en línea, el acceso de menores a la red o la salvaguarda de los usuarios de mercados online. No obstante, gran parte de su desarrollo se centra en medidas para la transparencia de los algoritmos utilizados por las plataformas en línea para recomendar contenidos, así como en obligaciones impuestas a las grandes plataformas y motores de búsqueda, incluyendo la gestión de auditorías independientes para supervisar los riesgos relacionados con la desinformación. Además, prohíbe la publicidad microsegmentada a partir de la elaboración de perfiles, ya sea para fines comerciales o políticos.

En el contexto de las elecciones, la Comisión utilizó la Ley de Servicios Digitales para abrir procedimientos formales contra las plataformas que no cumplían los requisitos. Así en diciembre de 2023, la Comisión incoó un procedimiento contra X (que se retiró del Código de Buenas Prácticas en mayo de 2023) por infracciones de la Ley de Servicios Digitales en virtud del artículo 66, incluidas medidas inadecuadas para frenar la manipulación de la información, En mayo de 2024, la Comisión amplió sus investigaciones y, en julio de 2024, informó a X de incumplimientos de la Ley de Servicios Digitales en relación con la transparencia publicitaria y el acceso a los datos para los investigadores (European Parliament, 2024).

En febrero de 2024, la Comisión inició un procedimiento contra TikTok por presuntas infracciones de la DSA relacionadas con la protección de menores, la transparencia publicitaria, el acceso a los datos para los investigadores y la gestión de riesgos de diseño adictivo y contenidos nocivos; y en abril de 2024, se abrió otro procedimiento contra Meta por la falta de una herramienta eficaz de diálogo cívico y seguimiento electoral en tiempo real por parte de terceros antes de las elecciones de la UE, así como por el acceso a los datos para los investigadores (European Parliament, 2024).

Dos meses antes de las elecciones de junio de 2024, el Ejecutivo comunitario pidió a las grandes plataformas digitales que adoptasen medidas para combatir las campañas de desinformación durante las elecciones europeas. La Comisión Europea (26 abril de 2024) presentó una serie de directrices con las que recomendó a las empresas que identifiquen claramente todo aquel contenido que se genere con inteligencia artificial y, por tanto, esté manipulado, como pueden ser los «*deepfakes*». También les instó a destinar recursos suficientes para identificar los mensajes que aparezcan en las redes en cada una de las lenguas de la Unión Europea y hacer frente así a los riesgos específicos que puedan surgir en cada Estado miembro.

Asimismo, sugirió a las plataformas que cooperen con las autoridades nacionales, con expertos independientes y con organizaciones de la sociedad civil, antes, durante y después de las elecciones para ayudarles a combatir las campañas de desinformación de terceros países.

Además, les pidió que proporcionen a los usuarios información oficial sobre las elecciones y que adapten sus sistemas de recomendación de contenido para reducir la manipulación de los electores, así como que avisen si un anuncio tiene fines políticos.

El Código de Buenas Prácticas, reforzado en 2022, en el marco de la Ley de Servicios Digitales incluyó la garantía de que los difusores de desinformación no se beneficien de los ingresos publicitarios. Los signatarios del Código se comprometen a una mayor transparencia para los usuarios; lo que les permite reconocer los anuncios políticos a través de un etiquetado más claro, que revela el patrocinador, la inversión publicitaria y el período de visualización. Además, el Código reforzado mejora la cooperación para contrarrestar la manipulación de la información a través de revisiones periódicas de las tácticas, técnicas y procedimientos (TTP) empleados por actores maliciosos.

Bruselas hace una evaluación positiva de estos esfuerzos y observa que están obteniendo sus primeros frutos en la reducción de la desinformación en las redes sociales, aunque muestra su inquietud por los contenidos publicados en los servicios de mensajería como WhatsApp y Telegram, por la dificultad de su detección.

Tras las elecciones europeas de 2024, según el informe de la Fundación Maldita (2024), el 45 % de esos contenidos desinformadores no recibieron ninguna acción visible por parte de las plataformas, aunque la tasa de respuesta de cada plataforma varía, al igual que la forma de moderación llevada a cabo.

YouTube no tomó medidas visibles frente al 75 % de los contenidos desinformadores, y cuando lo hizo, en el 80 % de ellos simplemente desplegó un panel de información genérica o una etiqueta señalando la fuente del vídeo como un medio estatal, sin ofrecer explicación alguna sobre por qué el contenido en sí es falso. Algunos de esos vídeos alcanzaron las 500.000 visitas (Fundación Maldita, 2024).

X no tomó ninguna medida en el 70 % de los casos y las «notas de la comunidad» fueron visibles solo en el 15 % de las publicaciones ya desmentidas por *fact-checkers* europeos. Entre las 20 publicaciones desmentidas más virales no moderadas, 18 se encontraban en esta plataforma con más de 1,5 millones de visitas cada una (Fundación Maldita, 2024).

TikTok moderó el 40 % de las publicaciones, Instagram el 70 % y Facebook el 88 %. Si bien la mayoría de las acciones de Facebook fueron etiquetas de verificación que mantenían las publicaciones originales en línea y centradas en agregar contexto (77 %), la acción más común de TikTok fue eliminarlas (32 %) (Fundación Maldita, 2024).

El informe de la FUNDACIÓN MALDITA (2024) revela que los temas importantes en los que la respuesta de las plataformas fue menos exitosa fue en la desinformación dirigida a los inmigrantes (un 57 %), seguida de cerca por desinformación sobre la integridad electoral (56 %). Además, YouTube y TikTok no moderaron ninguna publicación desinformadora relacionada con migrantes.

Los servicios de comunicación estratégica de la Unión Europea apuntaron al Kremlin como principal amenaza para las elecciones de junio, al considerar que tendrá interés en ayudar a partidos que quieren reducir el apoyo comunitario a Ucrania.

Países como Alemania y Polonia detectaron desinformación rusa encaminada a promover las protestas de los agricultores en su territorio. En España, los contenidos falsos sobre las movilizaciones del campo se vincularon a Marruecos, un protagonismo que no se observa en ningún otro país de la UE.

16

ELECCIONES DE 2024 Y LA COMISIÓN VON DER LEYEN II

En las elecciones europeas de 2024, la participación a nivel europeo fue mayor (50,74 %) que, en 2019, pero muy desigual, con más votantes que hace cinco años en Alemania, Francia, Hungría (coincidió con elecciones municipales) y Eslovaquia; y con menos movilización del voto que la última vez en España, Polonia e Italia. En España la participación cayó un 14,31 % respecto a 2019 cuando las elecciones coincidieron con los comicios locales.

Según datos del Parlamento Europeo el voto joven a nivel europeo cayó del 42 % de 2019 al 36 % en los comicios de 2024, y en España solo votaron el 21 % de los jóvenes de entre 16 y 24 años en las últimas europeas, pese a que la campaña se centró en ellos con un gran esfuerzo por parte de la plataforma del Parlamento Europeo Todosjuntos.eu, que reúne a más de 25.000 miembros en toda España, y de la mano de las asociaciones juveniles que impulsaron actividades para aumentar la sensibilización e informar sobre las elecciones.

16.1. Cambios en la composición del Parlamento

La gran pregunta de estas últimas elecciones es si ha habido una relativa desmovilización de los votantes proeuropeos o una mayor movilización de votantes perfil euroescéptico. Lo que podemos observar es, por un lado, que se han debilitado dos de los tres grupos políticos que han gobernado Europa durante décadas: los socialdemócratas (del 19.6 % en 2019 al 18.9 % en 2024) y los liberales (del 14 % en 2019 al 10.7 % en 2024); y, por otro lado, el ascenso de la extrema derecha con CRE (sube un punto, del 9.8 % al 10.8 %) y, sobre todo, Patriotas por Europa, antes Identidad y Democracia (del 7 % al 11.6 %). Como resultado, el equilibrio de las principales fuerzas políticas europeas es diferente en el Parlamento, por un lado, y en el Consejo y la Comisión, por otro.

Teniendo en cuenta los resultados triunfó el Partido Popular Europeo con Von der Leyen como candidata a presidenta de la Comisión, pero los partidos euroescépticos y antieuropeos incrementaron sus niveles de voto. Aunque la coalición popular, socialista, liberal y verde es suficiente para que la UE siga avanzando hacia la integración y vigilando el respeto al orden internacional liberal entre sus socios, Von der Leyen quiso asegurarse suficientes votos y estableció tres criterios para determinar si un partido puede ser considerado un socio de gobierno: si defiende los principios básicos del Estado de derecho, apoya a Ucrania y es más o menos proeuropeo. Al final la presidenta de la Comisión no quiso dejar de lado el voto de la extrema derecha e integró en el nuevo Ejecutivo europeo a un ministro de Meloni y a un comisario de la órbita de Orban.

La decisión de incluir al miembro de Hermanos de Italia, Raffaele Fitto, como uno de los vicepresidentes de la Comisión molestó al S&D y a los liberales de Renew, que reprendieron a von der Leyen ya los Populares Europeos por darle al ECR un papel de liderazgo. Algunos diputados socialistas, franceses, votaron en contra del colegio, y otros se abstuvieron, los alemanes, tras la inclusión de Fitto y la luz verde dada al húngaro Olivér Várhelyi. Casi la mitad de los Verdes, que apoyaron a Von der Leyen en julio, no votaron a favor de su equipo principal como protesta contra la inclusión de un comisario de extrema derecha. En cambio, los Hermanos de Italia de Meloni y los eurodiputados de la Nueva Alianza Flamenca de Bélgica dentro de ECR apoyaron a la Comisión a pesar de oponerse al segundo mandato de Von der Leyen en el mes de julio.

El colegio de comisarios recibió menos votos que la nominación de Von der Leyen en julio y la nueva Comisión es la que menos apoyo ha recibido del Parlamento desde 1993. El Partido Popular Europeo (PPE), de centroderecha, ocupa 14 de esos puestos, incluido el de presidente de la Comisión. A pesar de las derrotas en las elecciones de junio, los liberales tienen cinco comisarios, seguidos por los Socialistas y Demócratas (S&D), con cuatro, y los Conservadores y Reformistas Europeos (ECR), de extrema derecha, con uno.

Los cambios electorales desde las elecciones parlamentarias de junio también han llevado a un estancamiento del poder del Europarlamento. Con una extrema derecha con más poder y un parlamento más dividido ha dado lugar a más debate y menos cohesión. Los resultados de los comicios reflejan la realidad de una Europa que es menos homogénea al igual que sus instituciones.

La fragmentación de la política nacional ha llegado a Bruselas, donde se observa que cada vez están más entrelazados los problemas nacionales y los europeos. Durante las audiencias de los comisarios designados, los eurodiputados españoles del Partido Popular Europeo se negaron a votar por Teresa Ribera, ministra de Transición Ecológica en España y candidata a vicepresidenta de la nueva Comisión, a pesar de que se había acordado hacerlo. La culparon de la lenta respuesta del gobierno español a las inundaciones de Valencia, lo que llevó al PPE a no aplaudir a Ribera en la Eurocámara cuando la presidenta de la Comisión la felicitó en el pleno de Estrasburgo.

La doctrina Von der Leyen brinda una oportunidad a la extrema derecha de participar en la elaboración de políticas de la UE y de rendir cuentas por sus resultados. Lejos de socavar la democracia, demuestra que las instituciones de la UE responden a los cambios de opinión. Por más reacios que sean a admitirlo, los políticos tradicionales han hecho suyas en silencio ideas otrora tabú propuestas por la extrema derecha, sobre todo en relación con la inmigración (The Economist, 2024). El creciente número e influencia de los partidos y gobiernos extrema derecha probablemente añadirá una complejidad adicional al proceso legislativo, y la legislación podría tener que aprobarse mediante coaliciones ad hoc en lugar de la tradición de la tradicional gran coalición que dominó los parlamentos del pasado.

Ahora que el centro del poder de la UE está inclinado hacia la Comisión, habrá que ver si Von der Leyen es capaz de implementar la pléyade de leyes aprobadas durante su primer mandato. Sin embargo, el Ejecutivo podría sentirse presionado por los Estados miembros, sobre todo por los países con gobiernos más a la derecha, que se muestran reacios a permitir que salgan demasiados decretos del Berlaymont y prefieren reducir el poder del Ejecutivo europeo. Un buen ejemplo serán las políticas tradicionalmente impulsadas por los Estados miembros, como la seguridad y la defensa, en la que Von der Leyen tendrá que lidiar con los Estados menos comprometidos que buscan obtener concesiones o excepciones, o ejercer su propia influencia a nivel de la UE.

La nueva Comisión de Von der Leyen es estructuralmente diferente a la anterior con una división de comisarios en dos grupos claros: los influyentes «vicepresidentes ejecutivos» y el resto. Algunos vicepresidentes se han quedado con lo que algunos consideran títulos inflados y autoridad disminuida. Sin embargo, entre los comisarios hay dos de absoluta confianza de Von der Leyen como Maroš Šefčovič y Valdis Dombrovskis, que tienen carteras con verdadero poder. En la segunda Comisión Von der Leyen todos los vicepresidentes tienen su Dirección General y a la vez ejercen su papel como coordinadores de otras áreas. Esta jerarquía se presenta como un medio para fomentar la colaboración y la eficiencia. Sin embargo, los expertos la describen como una estrategia para centralizar el poder, y asegurar que Von der Leyen mantenga un control estricto (Tapp, 2024). La presidenta de la Comisión se ha convertido en uno de los actores de poder más astutos en Bruselas y ha conseguido marginar al Parlamento como actor secundario e incluso a los Estados miembros, dada la debilidad política de Francia y Alemania, durante su nombramiento (Tapp, 2024). Todo indica que la Comisión tendrá un papel más central y activo, pero también es probable que el Consejo Europeo y el Parlamento presenten más obstáculos que en la primera legislatura Von der Leyen.

16.2. Las prioridades políticas de la Comisión Von der Leyen II

La segunda Comisión Von Der Leyen ha tenido que variar de manera sútil sus nuevas prioridades políticas para incluir un segmento mucho más amplio del espectro político. Las prioridades fundamentales del nuevo ejecutivo serán la seguridad y la competitividad.

16.2.1. La seguridad multidimensional

Cuando la Comisión habla de seguridad lo hace desde una perspectiva multidimensional: defensiva, económica, energética, alimentaria, sanitaria e informativa. Desde el punto de vista de la Defensa, la UE abogará por un incremento del gasto, con la posibilidad de emitir eurobonos. Además, se buscará la cooperación con la OTAN, pero con un fondo común para la producción de armamento europeo que reduzca la dependencia de Washington. La Comisión Europea con un nuevo comisario de Defensa propondrá tres elementos clave: adquirir en común al menos el 40 % de los equipos de Defensa de aquí a 2030; garantizar que, para 2030, el valor del comercio de defensa dentro de la UE represente al menos el 35 % del valor del mercado de defensa de la UE y también avanzar de manera constante hacia la adquisición de al menos el 50 % de su presupuesto de defensa dentro de la UE para 2030 y el 60 % para 2035.

Entre los actores clave de la nueva comisión figura Kaja Kallas, ex primera ministra de Estonia y firme defensora de Ucrania, a quien se le ha asignado la cartera de política exterior. Esta elección subraya la firme postura de la UE contra Rusia y su compromiso de presentar un frente unido en apoyo de Ucrania. Bruselas deberá seguir apoyando a Kyiv, tanto a nivel político como militar y económico, y buscará mantener la presión sobre Rusia y sus aliados para poner fin a la guerra y comenzar cuanto antes la reconstrucción del país.

La nueva Comisión también se esforzará por reforzar la coordinación en la lucha contra la desinformación y por mejorar la capacidad de la UE para prevenir y mitigar los efectos de las acciones hostiles en el ciberespacio. Las directrices políticas de Ursula von der Leyen para 2024-2029 (Comisión Europea, 18 julio 2024) vuelven a confirmar el enfoque de la UE en los derechos y los valores democráticos, subrayando la «necesidad de hacer más para proteger nuestra democracia», incluso intensificando la protección digital. En el apartado »Proteger nuestra democracia, defender nuestros valores», Von der Leyen propone: Un nuevo *Escudo Europeo para la Democracia* para contrarrestar la manipulación de la información extranjera y las injerencias en línea. Citando los ejemplos de Viginum en Francia y de la Agencia Sueca de Defensa Psicológica, el *Escudo Europeo para la Democracia* tendría como objetivo detectar, analizar y contrarrestar de forma proactiva la desinformación y la manipulación de la información (Comisión Europea, 18 julio 2024).

16.2.2. La competitividad de la economía europea

El otro gran objetivo de la nueva Comisión conectado con la seguridad será fortalecer la competitividad de la economía europea y reducir las dependencias estratégicas, especialmente en el ámbito energético, así como la eliminación de barreras al comercio dentro del mercado único y el desarrollo de una política industrial sólida, con facilidades para los servicios en el mercado interior, menos burocracia y regulaciones excesivas y un mejor acceso a los mercados de capitales.

El enfoque de Von der Leyen de una industria competitiva impulsará una mayor innovación y apoyo industrial, al tiempo que promoverá la transición verde. La presidenta prometió un «fondo europeo de competitividad» y un «pacto industrial limpio» en su nuevo mandato junto con una mayor inversión en infraestructura y tecnologías energéticas. (Comisión Europea, 18 julio 2024). Será un enfoque pragmático que equilibre la transición energética con la estabilidad económica y la competitividad industrial, teniendo en cuenta el impacto social y económico de la transición energética. La Comisión deberá «garantizar las condiciones para que Europa recupere su competitividad», y habrá una reforma del mercado energético, con un enfoque en la diversificación de las fuentes de suministro y la reducción de la dependencia de Rusia.

No solo la competitividad escasa de la UE sino también el nuevo panorama político en los gobiernos europeos y en el Parlamento y la Comisión han empujado a una reevaluación del Pacto Verde para ajustarlo teniendo en cuenta la competitividad industrial de Europa frente a leyes climáticas menos estrictas en China, Estados Unidos e India.

Conectado con la competitividad hay otro reto para esta Comisión, la transformación digital de una Europa que se encuentra rezagada en este ámbito, como lo demuestran la falta de empresas tecnológicas europeas entre las 20 más grandes del mundo y el bajo porcentaje de unicornios (empresas emergentes valoradas en más de mil millones de euros) originados en el continente y que se van a seguir creciendo o a cotizar al otro lado del Atlántico, Según el Informe Draghi (2024) de los 147 unicornios fundados en la UE entre 2008 y 2021, 40 han trasladado su sede fuera de Europa, la mayoría a los Estados Unidos. Los mayores inversores y fondos de capital riesgo están al otro lado del Atlántico, así que no es de extrañar que las tecnológicas europeas terminen cotizando allí (Benedicto, 2024). Europa debe conseguir un entorno regulatorio adecuado y construir vínculos más estrechos entre la industria y la academia en investigación y desarrollo.

El acceso a los datos se considera esencial para apoyar el desarrollo de la IA y un factor clave para la competitividad, la productividad y las innovaciones sociales (Batchik, 2024).

16.2.3. El reto de la inmigración

La composición política de las instituciones hace pensar que la migración tendrá un papel central en la UE con un nuevo plan sobre retornos que incluya, de hecho, la idea de los centros de detención de migrantes. Un plan impulsado por la primera ministra italiana, Giorgia Meloni, y al que podrían apoyar al menos diez estados miembros. Eso podría dar lugar a la entrada en vigor el pacto común de migración y asilo, previsto para 2026 pero que quizá pueda adelantarse.

16.2.4. Seguridad económica y ampliación de la UE

A nivel externo la UE deberá reforzar su papel en el mundo lo que puede conllevar roces con China y Estados Unidos a nivel comercial o de influencia en África a través de la Global Gateway o en América Latina, con quien está pendiente de ratificarse el acuerdo comercial UE-Mercosur.

En este aspecto la Comisión Europea (18 julio 2024) hace una apuesta por la seguridad económica cuando explica que tenemos que ser más firmes a la hora de proteger nuestra economía frente a las fugas tecnológicas de importancia clave y a cualquier aspecto que pueda comprometer la seguridad. «La cuestión es especialmente acuciante cuando nuestros interlocutores son también competidores estratégicos y rivales sistémicos. Nuestra actuación se basará en una lúcida evaluación de riesgos y en nuestro principio de reducción del riesgo sin desvinculación» (Comisión Europea, 18 julio 2024). En estas líneas el Ejecutivo comunitario se refiere claramente a China, aunque no le cite explícitamente; al igual que cuando se refiere a la revisión del marco para el control de las inversiones extranjeras directas, o a tener en cuenta los riesgos derivados de las inversiones en el exterior.

Además, a nivel externo quedará pendiente la ampliación a Ucrania y los Balcanes con Montenegro como país candidato más avanzado en el proceso pero que no prevé completarlo, en el mejor de los casos, antes de 2028. En el caso de Ucrania todo dependerá de cómo acabe la guerra, porque habrá que reconstruirla y, si paga la reconstrucción, la terminará absorbiendo de manera fácil debido porque el conflicto le ha convertido en una nación más cohesionada a nivel interno. Von der Leyen subraya en las prioridades de la Comisión Europea (18 julio 2024), que en los exámenes de políticas previos a la ampliación habrá que centrarse en sectores concretos como el Estado de Derecho, el mercado único, la seguridad alimentaria, la defensa y la seguridad, el clima y la energía, y la migración, así como la convergencia social, económica y territorial en general.

17

REFLEXIONES FINALES

Durante más de 70 años las elites políticas europeas han perseguido la integración económica y política, mientras la mayoría del público no se interesaba sobre lo que sucedía en Bruselas. Este modo de gobernanza mostró sus límites con los referenda sobre la Constitución Europea de 2005 en Francia y Holanda y cuando en 2008, un 53 % de los irlandeses rechazaron el Tratado de Lisboa o en 2009, cuando las elecciones europeas sufrieron un récord de baja participación. El distanciamiento entre las instituciones de la UE y los ciudadanos se atribuyó por los líderes políticos y por algunos académicos a una brecha de comunicación, es decir, a la forma en que los asuntos de la UE se reflejan en los medios de comunicación, y a la aparente falta de interés de las élites nacionales para transmitir la importancia de Europa. Así cada vez que había un descalabro en la participación de las elecciones europeas, la Comisión respondía con nuevos enfoques de las Políticas de Información y Comunicación de la UE como si fueran la panacea que cubriría ese hueco. Esa estrategia se mostró insuficiente y no cerró la herida abierta entre las instituciones europeas y los ciudadanos, reconocida desde 1970.

La política de comunicación de la UE tiene sus raíces en la primera fase del proceso de integración europea. El objetivo principal de la política de información era crear una visión global positiva de las políticas sectoriales, funcionando como un instrumento simbólico y sistémico de agregación. La política de información se configuraba no solo como un proceso sino también como un sistema en permanente interacción entre lo macro y lo micro; por ejemplo, entre el proceso de integración europea como un todo y las partes que lo componen, incluyendo a varias instituciones y sus respectivas esferas de acción.

Al analizar la PIC desde una perspectiva institucionalista, deducimos que está conectada al proceso de institucionalización de la UE, sobre todo, de la Comisión Europea. La política de información recibe inputs desde dentro y desde fuera de las instituciones, lo cual es transformado por el sistema en outputs como iniciativas políticas o planes de acción con el potencial de impulsar una atmósfera que lleve desde el intergubernamentalismo hacia la integración. Un proceso de integración que ha ido en paralelo al crecimiento institucional de la CE y ambos han ido de la mano de iniciativas específicas en el campo de la comunicación.

Los cambios en la PIC no sirvieron para aumentar la participación o el conocimiento de la UE, debido a la falta de politización y de debate, porque el consenso hacia Europa, que había en las fuerzas políticas europeas dominantes, no facilitaba la movilización electoral.

Repartir la culpa de la falta de comunicación con los medios de comunicación y los políticos nacionales descuida, según el profesor SEOANE (2013), dos déficits reales que impiden que Europa disfrute de una esfera pública vibrante: un déficit de conexión popular con la idea de la UE, y un déficit de politización de la política europea, aunque este último haya ido cambiando en los últimos años.

Antes de 2008, se percibía una falta de identidad europea y de conflicto ideológico e incluso se separó intencionalmente la política de la economía. «Los líderes europeos exigían un »gobierno económico europeo», sin ninguna preocupación por el tipo de orientación política que debería tener (SEOANE, 2013). En cambio, tras la crisis económica de 2008 y a partir de las elecciones europeas de mayo de 2014, la política se conectó con la economía (debates sobre las medidas de austeridad, desempleo etc.) y comenzó a percibirse conflicto ideológico con el ascenso de los partidos populistas y euroescépticos.

La crisis del euro fue el punto de inflexión, es cuando el ciudadano europeo descubre que la UE repercute en su vida. A partir de ese momento, en Bruselas se dan cuenta que a la hora de involucrar a los ciudadanos europeos o de alentar la identidad europea hay que tener en cuenta más factores que constantes cambios de enfoque de la política de comunicación. Sin políticas creíbles no es posible una política de información eficaz. Una imagen positiva no solventa el problema principal que afecta al proceso de integración; el estancamiento en el proceso decisorio que provoca desconfianza en los ciudadanos.

A partir de la Gran Recesión se pasa de una comunicación divulgativa, de explicación de las instituciones, a una comunicación política que también intenta proteger a las instituciones con una mayor profesionalización del Servicio de Portavoces.

Las nuevas formas de gobernanza como la Convención en 2002, que pretendían responder a retos como el de una mayor transparencia y estar más cerca de los ciudadanos, no dejaron de tener un alcance elitista, en el que era necesaria una mayor inclusión de la sociedad civil en el proceso de toma de decisiones. En 2021 con la Conferencia sobre el Futuro de Europa se intentó poner en marcha un proceso parecido, pero con mayor participación de la sociedad civil, que tampoco logró fructificar. Al final fueron mecanismos que solo llegaban a la burbuja europeísta o poco más y cuyos temas y resultados suelen venir de arriba abajo.

En Bruselas se dan cuenta que las reformas a emprender no son sólo desde el punto de vista de la comunicación, sino, sobre todo, de tipo político y de creación de un espacio público europeo. Reducir las distancias entre la ciudadanía y la UE requiere no sólo de informar más sobre la UE sino también de impulsar políticas europeas que sean creíbles y cercanas a la ciudadanía con mecanismos claros de rendición de cuentas.

En la UE la cuestión no es hacer grandes discursos sobre Europa, ni propaganda del proyecto de integración, sino conseguir que el «marco interpretativo» de la realidad sea en clave europea. Eso implica un cambio de mentalidad. Pasar de la mentalidad nacional para abordar Europa como algo ajeno, como un problema —o en el mejor caso un reto— que hay que afrontar, y pasar a ponerse las «gafas europeas» para analizar los problemas y los retos de cada país. Esa sería la mejor manera de comunicar Europa. En general, la ciudadanía tiene la percepción de Europa que tienen sus líderes nacionales.

También será necesaria una nueva narrativa que ponga en valor no solo los logros conseguidos en los últimos 70 años, sino también las soluciones a los que quedan por conseguir en asuntos que preocupan al ciudadano europeo como la economía y la inflación, el empleo, la vivienda, la inmigración, el cambio climático o la seguridad frente a amenazas externas. Los populismos y partidos euroescépticos también tienen que ser combatidos con dosis de ilusión y emoción, que hasta el momento no ha sabido transmitir la UE y para ello es imprescindible elaborar una nueva narrativa europea, en la que la recuperación del crecimiento, la lucha contra el desempleo juvenil, el acceso a la vivienda o la lucha contra el cambio climático tomen el protagonismo con liderazgo europeo y con una voz firme y unida en el exterior. En la construcción de esa identidad europea también hay que utilizar las tecnologías y tanto las redes sociales como, por ejemplo, los videojuegos pueden servir para ese fin (Moreno Cantano, A.C. 2024).

En los últimos años ha emergido una esfera pública europea, a pesar de estar fragmentada (Van de Steeg y Risse, 2003), donde se puede desarrollar la opinión pública europea, un debate europeo y, en un futuro, medios transnacionales. La frecuencia con la que los problemas de Europa son cubiertos por los medios nacionales ha aumentado desde el inicio de la crisis económica en 2008. Por ejemplo, las elecciones griegas se llegaron a cubrir en España con un despliegue de medios de comunicación mayor que si se tratase de unos comicios regionales, durante la crisis del euro. La crisis de los refugiados, los atentados terroristas en Francia y otros países europeos, la pandemia o la guerra de Ucrania han aumentado el grado de europeización de las esferas públicas nacionales. En la prensa nacional hay una europeización que va más allá de la burbuja elitista de Bruselas y la opinión pública europea emerge por picos informativos, pero todavía tiene muchos valles de opinión nacional. Sin una esfera pública europea donde entablar un verdadero debate europeo, la desafección (y la falta de compromiso de los ciudadanos resultante) seguirá presente. Sin embargo, la cesión continua de soberanía, la aproximación hacia el federalismo y las nuevas generaciones nos irán acercando a ese espacio público europeo más amplio.

Para que la comunicación institucional sea eficaz debe estar descentralizada en las representaciones de los Estados miembros, diferenciar los públicos objetivos a los que se dirige, con mensajes a medida que no sean técnicos, burocráticos ni aburridos; que coincidan con las preocupaciones de los ciudadanos y no con las prioridades de las élites europeas y a través de canales diferenciados en función de las audiencias pues los jóvenes usan más las redes sociales (un 43 % de las personas entre 15 y 24 años) o los mayores (75 %) se informan más a través de canales tradicionales como televisión o prensa. Según el PE, la televisión es el medio de comunicación más utilizado para seguir las noticias (75 %), especialmente entre el público de mayor edad. Para informarse, los europeos confían sobre todo en las televisiones y radios públicas (49 %), seguidas por la prensa escrita (39 %) y las emisoras privadas de televisión y radio (27 %). Aunque los medios tradicionales —en particular la televisión— desempeñan un papel importante, el 88 % de los encuestados afirma recibir al menos algunas noticias en línea a través del móvil, el ordenador o el portátil.

Asimismo, generar falsas expectativas mediante la propaganda es pernicioso a medio y largo plazo porque a la gente no le interesan las instituciones sino la eficacia de sus políticas. También hay que diferenciar si se comunica para informar o promocionar el trabajo de las instituciones o sus políticas a un público amplio o se hace para conectar con los ciudadanos y construir un sentido de ciudadanía europea.

En cuanto a los medios de comunicación, la ausencia de un *demos* europeo hace que sea difícil para los medios de comunicación encontrar historias humanas para ilustrar los temas europeos y fijar así la relevancia local de las noticias europeas. La inexistencia de un medio de comunicación de masas europeo, donde pudiese surgir un espacio público, es una de las grandes deficiencias del proyecto europeo.

La prensa escrita es la que prima en las informaciones de las instituciones porque es más analítica y con un formato que permite desentrañar mejor la complejidad; en cambio, la televisión juega un papel secundario en la PIC porque las actividades de la UE suelen ser menos atractivas y requieren de más interpretación, lo que choca con el enfoque más superficial, sensacionalista y doméstico de la información en los medios audiovisuales. La escasez de cobertura de la información europea se debe a 4 factores (European Commission, 2014):

1. Los periodistas de los medios nacionales y regionales ven pocos incentivos en escribir sobre Europa porque sus lectores están menos interesados que en la política nacional y no entienden bien cómo funcionan las políticas europeas.

2. Las instituciones suelen primar más a los corresponsales en Bruselas que al periodista generalista y se esfuerzan poco por llegar a la prensa regional. Además, los editores no priorizan las historias europeas.
3. La complejidad técnica de la información que proporcionan las instituciones desincentiva y pone barreras al periodista.
4. Las instituciones informan de manera independiente unas de otras y producen un excesivo flujo de información que incrementa la carga de trabajo del periodista.

Hay un 5.° factor que está cambiando y es que el informador suele buscar historias conflictivas. Antes de la crisis de 2008 era complicado que se diera esa conflictividad en Bruselas, pero tras la Gran Recesión el conflicto está cada vez más presente en las instituciones europeas debido a la mayor politización y polarización que se importa desde las esferas nacionales y se entrelaza con la europea.

A estos factores se puede añadir que los recursos humanos de los medios en Bruselas se vieron afectados por la crisis, lo que redunda en la calidad de las informaciones, sobre todo al multiplicarse las instituciones que daban noticias con perfil más intergubernamental como el Eurogrupo, el Ecofin o el MEDE. Esto también afectó al perfil emisor de las propias instituciones que debían intentar no pisarse a la hora de convocar a los informadores.

La prensa suele buscar el enfoque nacional de las informaciones que emite Bruselas con el fin de poder «colocarlas» en sus medios. Para pasar el mensaje europeo, los medios nacionales recurren a personas relevantes a nivel nacional que dan mayor proximidad a la UE y además hablan la misma lengua. Esto tiene su parte negativa, y es que el líder nacional suele eclipsar al representante de las instituciones europeas con un mensaje que muchas veces utiliza a Bruselas como cabeza turco de los problemas nacionales. Al final la percepción de Europa que tiene la ciudadanía es la que transmiten sus líderes nacionales. Los eurodiputados nacionales se prodigan menos en los medios, salvo que haya un conflicto con la política nacional, porque la prensa busca dónde está el poder y es menor en el Parlamento que en el Consejo o en la Comisión como sucedió durante la crisis del euro o con la pandemia y la guerra en Ucrania. Las nuevas competencias del Parlamento han cambiado el panorama y los eurodiputados tienen un papel de legisladores cada vez mayor que le lleva a jugar un doble papel al transmitir el mensaje desde Europa y escuchar las preocupaciones de los ciudadanos tanto a nivel nacional como regional o local. De ahí que sería positivo, más que listas europeas transnacionales buscar la manera de que las regiones europeas tuviera representación a través de los eurodiputados en un órgano legislativo como el Europarlamento y no en uno de tipo consultivo como el Comité de las Regiones que no tiene relevancia informativa alguna.

La comunicación en la UE es difícil por su enrevesado sistema institucional, el multilingüismo, su cultura burocrática y el peso que todavía tiene el

Estado Nación. La eficacia de la PIC de las instituciones se complica por la complejidad del sistema institucional multinivel y su estructura de gobierno policéntrica. La comunicación institucional se dirige a dos audiencias: una, especializada y transnacional y, otra, general y estatal. El reto es continuar en la senda del público general, pero sin abandonar la demanda de información de los expertos transnacionales.

El multilingüismo también resta efectividad a la política de comunicación. La UE es un enorme Babel, porque al promover la diversidad lingüística, aumentan irónicamente las dificultades de comunicación (SCHLESINGER, 2003). El plurilingüísmo constituye una de las barreras más importantes en la creación de medios transeuropeos. La esfera de la cultura de influencia se extiende sólo hasta donde llegan las posibilidades comunicativas del lenguaje y es lo que según BAUER (2000) «produce la cohesión colectiva que invita a compartir un futuro común». El inglés se impone como lengua de servicio, pese a las resistencias de algunos países, y es una oportunidad para mejorar la comunicación a nivel europeo y quizás, algún día, construir ese futuro en común.

La cultura burocrática y la inercia institucional son un lastre a la hora de convencer a los funcionarios sobre la importancia de las tareas de comunicación para que prevalezca el mensaje político sobre el técnico. El entorno institucional europeo favorece la esfera de expertos y un estilo de cobertura tecnocrática y muy especializada.

La construcción europea y la globalización encogieron al Estado-Nación que con el retorno de la geopolítica vuelve a estar de moda, aunque nunca se fue. El profesor Molina[26] no cree que el esquema del Estado Nación se vaya a romper. «Europa es un sistema de gobierno multinivel donde la UE se afirma a costa del Estado Nación, pero no del Estado miembro que es necesario. Debe ser una suma positiva porque la UE avanza si el Estado es fuerte y se vincula al proyecto europeo». El Estado-Nación sigue siendo el marco de referencia en la cultura política y de cara al trabajo periodístico. «La legitimidad política todavía es nacional y los líderes políticos se deben primero a sus opiniones nacionales y a su espacio político nacional» afirma el ex director de la Representación de la Comisión Europea en España, José Luis GONZÁLEZ VALLVÉ[27].

Las redes sociales y las nuevas tecnologías hicieron saltar por los aires, al menos parcialmente, las fronteras de las opiniones públicas nacionales. En Europa es difícil la vuelta atrás hacia el Estado nacional individual, pues todos sus actores están ya ligados a un sistema de dependencia mutua del

26 Entrevista realizada a Ignacio Molina, profesor de Ciencia Política de la UAM e Investigador principal para Europa del Real Instituto Elcano.

27 Entrevista a José Luis González Vallvé, ex director de la Representación de la Comisión Europea en España.

que no podrían librarse más que a un coste extremadamente elevado, como ha demostrado el Brexit. Después de más de 70 años de europeización, los Estados y sociedades individuales ya sólo tienen capacidad de acción dentro de la síntesis europea. La esfera pública no se queda dentro de las fronteras del Estado-Nación, sino que se entrelaza con la europea y desarrolla un importante espacio para una élite política supranacional.

La educación y la cultura son un buen medio para crear ciudadanos europeos y un factor de socialización política si se logra romper la competencia nacional y se armoniza un sistema a nivel europeo. Transmitir el «sentir» europeo va más allá de los gabinetes de comunicación. Desde las primeras conferencias sobre cultura que mantuvieron los intelectuales que idearon las instituciones europeas (Rougemont, Madariaga, Brugmans,..) se ha dejado de lado el papel de la educación y la cultura (Martin de la Torre, 2015). Ellos ya pensaron en los años 40 y 50 que sería necesario revisar los libros de historia para contar nuestra historia común más allá de la narrativa de la oposición entre los Estados, con batallas ganadas por héroes nacionales, etc. Nunca se ha hecho. Hasta hace bien poco, aunque sea de manera optativa, no existían en los currículos escolares asignaturas pensadas para explicar el porqué de la Unión Europea. Hoy parece que se da por hecho, pero los más jóvenes no saben por qué nacieron las Comunidades, ni el «coste de la no Europa». Para contar el coste de la no Europa a la sociedad, los sesudos estudios de las instituciones, llenos de gráficos y de cifras, parecen poco eficaces. Falta creatividad, contar historias que interesen a las personas, que apasionen. Por el lado institucional poco se puede esperar, el sistema de recursos humanos de las instituciones y la elevada burocratización favorecen el inmovilismo, la institucionalidad, los procesos estandarizados... Por otro lado, quizás no sean las instituciones ni el dinero público quienes deban estimular esta creatividad, y sería más útil estimular la iniciativa privada y de la sociedad civil. Debería ser la industria cultural europea la que colaborara a la hora de construir y cohesionar la UE. En Europa tendríamos fabulosas rutas e historias apasionantes para atraer a los jóvenes y hacerles ver el valor de la historia común y de unidad de destino. Desde nuestro punto de vista lo que hay que hacer es un proceso de «bottom-up», de abajo a arriba, introduciendo una dimensión europea en las escuelas con programas de estudio europeos sobre historia, literatura, música... en todos los sistemas de educación europeos. Es algo que requiere esfuerzo, pero ¿Si se han comunitarizado políticas tan importantes para un Estado como la monetaria por qué no intentarlo, aunque sea a un nivel más gradual con la educación? Los programas culturales, como Erasmus, juegan un papel fundamental al impulsar la integración social europea y las interacciones transfronterizas. Erasmus se ha convertido en el paradigma de los programas de intercambio y de su contribución a la construcción europea. Estos programas deben incrementarse porque son un medio para comunicar Europa, mejorar el diálogo entre los ciudadanos, romper estereotipos y aprender de distintos valores y culturas dentro de la UE.

Para reducir la distancia entre la ciudadanía y la UE lo más importante es hacer políticas útiles y tangibles para los ciudadanos. La manera de afrontar la pandemia y la crisis de Ucrania han demostrado la utilidad de Europa para los ciudadanos con programas como Sure, Covax, Next Generation o el Fondo de Ayuda para la Paz que han permitido superar la Covid-19 y la crisis económica posterior y confrontar los problemas derivados de la guerra con Rusia a nivel energético, militar, migratorio o de inflación. Es no quiere decir que no queden retos por solventar como el de la competitividad de la economía europea o el de la defensa con una industria más europeizada.

La politización de las elecciones al Parlamento Europeo también ha sido positiva. En 2014 con la puesta en marcha de la figura del *Spitzencandidaten* surgió el embrión de la europeización de la campaña con debates electorales a nivel europeo y repercusión en los medios y las redes sociales. Los rostros políticos europeos polarizan al electorado, exponen las diferencias entre los partidos, ayudan a los votantes a entenderlas y a acudir a las urnas. La llegada en 2019 de Von der Leyen a la presidencia de la Comisión tras el acuerdo de los 27 jefes de Estado y de gobierno acabó con el sistema de Spitzenkandidat, y mostró el poco poder que tenía el Parlamento Europeo frente al Consejo Europeo al no ser capaz de vetar a la ministra alemana como presidenta. La nueva Comisión, que siguió la senda política de Jüncker, tuvo que enfrentarse a dos eventos inesperados como la Covid-19 y la invasión rusa de Ucrania, y lo hizo de manera exitosa, adquiriendo un poder cada vez mayor que se vio reflejado en los medios y en una comunicación cada vez más política y profesionalizada. La ascensión del populismo al PE en las elecciones de 2024 cambió la composición de la Comisión Von der Leyen II que ha dejado atrás el gobierno entre populares, socialistas y liberales que dominó la UE desde 1978 donde era posible el diálogo y el consenso, pero no la atracción del voto ni el interés ciudadano. El conflicto político y la polarización han llegado a las instituciones europeas importados desde los Estados Miembros. Estas distintas visiones de la UE, una más nacionalista e intergubernamental y otra más federal y supranacional, siempre han existido, pero ahora se hacen más patentes en el tablero político europeo lo que también es más atractivo para los medios y la ciudadanía.

A nivel exterior, la UE ha evolucionado mucho desde los años 70 con la Cooperación en Política Europea, donde la coordinación entre los Estados miembros en política exterior era testimonial; a la Europa Geopolítica que quiere hablar con una solo voz en el mundo y exportar esa imagen de poder normativo y de los valores europeos combinada con un incipiente *hard power;* con mejor suerte en el caso de Ucrania, donde la UE ha demostrado unidad con las sanciones a Rusia; y peor, en el caso de Gaza donde la cacofonía ha sido la protagonista con decisiones contradictorias dentro de las propias instituciones europeas. Queda mucho por hacer en diplomacia pública europea para atraer a opiniones públicas extranjeras, pero para ello la UE debe volver a ser competitiva, innovadora y convertirse en potencia tecnológica y con mayores capacidades defensivas que le permitan jugar a ser un actor global en el mundo geopolítico.

El cambio ha sido mayúsculo desde los años 50 donde primaba el intergubernamentalismo, la propaganda y el consenso con una comunicación educativa y de tipo divulgativo para explicar unas instituciones alejadas de la ciudadanía; a la Comisión Geopolítica actual con una comunicación política pura y más profesional que tiene que afrontar retos como el de la desinformación proveniente de terceros países como Rusia y China y la polarización que provocan las redes sociales y el ascenso de los populismos. Desde la UE se han creado instrumentos para luchar contra la desinformación de manera coordinada y lo importante es controlar la narrativa frente a las *fake news* de agentes externos, mejorar la alfabetización mediática de la ciudadanía, la vuelta del periodismo calidad (Fernández Rodríguez, 2024) y, como defiende Hernández Ruíz (2024), coordinar la estrategia contra la desinformación, centrada en el SEAE, con la política de comunicación que controlan Comisión y Parlamento Europeo.

La evolución de la Política de Información y Comunicación de la UE durante estos más de 70 años ha demostrado que lo importante para vencer la desafección ciudadana no es el conocimiento de las instituciones, sino que las políticas que emanan de ellas sean útiles para los europeos. Los ciudadanos han pasado de ver a la UE como algo ajeno y favorable a un actor político que repercute en su vida diaria. La política europea se ha mezclado de tal manera con la nacional que todo lo que pasa en Bruselas tiene repercusiones a nivel estatal. Antes todos éramos europeístas, sin una visión crítica y con una idea homogénea de Europa, ahora hay una UE más politizada con diferentes modelos y tendencias y eso repercute en la comunicación que es más cautelosa y con más aristas. Hemos pasado del consenso de los Padres Fundadores a la incertidumbre y la polarización de la UE Geopolítica.

BIBLIOGRAFÍA

Aldecoa Luzarraga, F. (2004) *La Conferencia Intergubernamental asume el proceso constituyente al hacer suya la Constitución para Europa* (DT) N.° 44/2004-7.9.2004 Real Instituto Elcano.

Alonso, A. (16 marzo 2000) «Serbia acusa a la UE: La solidaridad europea no existe. China es la única solidaria». *El Independiente*. Disponible en: https://www.elindependiente.com/politica/2020/03/16/serbia-acusa-a-la-ue-la-solidaridad-europa-no-existe-china-es-la-unica-solidaria/.

Arnal, J.; García, E. And Jorge, R. (8 November 2023) *Policies and tools for strengthening the European semiconductor ecosystem*. Real Instituto Elcano.

Allende, I. (2005) «Londres congela el referéndum sobre la Constitución europea». *La Voz de Galicia*. 6 junio.

Aixalà i Blanch, A. (2014) «¿Un Presidente para Europa? Las elecciones de 2014 como respuesta a la crisis democrática europea». *Fundació Catalunya Europa*. Barcelona. 8/14

Anduiza Perea, E. (3 marzo 2005). ¿Quiénes *se abstuvieron y por qué?: la participación en el referéndum sobre el Tratado por el que se establece una Constitución para Europa*. Real Instituto Elcano.

Areilza Carvajal, J. M. (2004) «La Constitución Europea en serio». 8 julio 2004. *El País*.

Avaaz (2019). «Análisis de las operaciones de información sobre las elecciones de la UE de 2019. Documento informativo provisional»; *Instituto de Avaaz e Instituto para el Diálogo Estratégico*.

Avaaz (2019). *Perturbaciones: pruebas de la perturbación digital generalizada de las elecciones al Parlamento Europeo de 2019*.

Batchik, J. (2024). *What to expect from Ursula von der Leyen's second term*. Atlantic Council.

Bauer, O. (2000). *The question of nationalities and social democracy*. University of Minnessota.

BBC (2018). *Government announces anti-fake news unit*, 23 January. BBC News.

Benedicto Solsona, M. A (2015). *El apoyo de la ciudadanía española al proyecto europeo: de la convención al referéndum constitucional*. Marcial Pons. (pp. 317-324). https://doi.org/10.2307/j.ctv10rrbs8.36

Benedicto Solsona, M.A. (2016). *Hacia una nueva diplomacia pública europea*; en Manfredi, J.L. y Femenía, C. La diplomacia española ante el reto digital. Edita: Ministerio de Asuntos Exteriores y de Cooperación.

Benedicto Solsona, M. A (2018). *Comunicar Europa: Una tarea unida a la eficacia política de la UE* (Europa como tarea), Marcial Pons. Año 2018. ISBN 978-84-9123-469-2. Pag 329-348.

Benedicto Solsona, M.A. (31 de mayo 2020). «Estrategia de la Unión Europea ante el desafío de la desinformación». *Latin American Journal of International Affairs.* 10, 1 (131-149)

Benedicto Solsona, M.A (2021). «China y el uso de desinformación en Europa durante la Covid-19: de socio estratégico a rival sistémico»; en Sánchez, B. y Pineda, A. *Comunicación política en el mundo digital: tendencias actuales en propaganda, ideología y sociedad*. Pags. 649-662 Editorial Dykinson.

Benedicto Solsona, M.A (15 octubre de 2022). «Sopapo de Borrell a la diplomacia europea». *The Objective*.

Benedicto Solsona, M.A. (2023). «Diplomacia Digital de la UE al inicio de la guerra en Ucrania». En Sierra Sánchez, J. y Bonales Daimiel, G. (2023) *Desafíos y retos de las redes sociales en el ecosistema de la comunicación*, Vol. 1 ISBN 978-84-486-4109-2, págs. 599-614.

Benedicto Solsona, M.A. (2023). «Diplomacia Pública para la Europa Geopolítica», en Benedicto Solsona, M. A. *La Unión Europea como poder global. Autonomía estratégica y despertar geopolítico*. Valencia. Tirant Humanidades.

Benedicto Solsona, M.A. (2023). «La reinvención de la globalización. El camino de la UE hacia la autonomía estratégica», en Calatrava García, A. y Calvillo Cisneros, J.M. *El orden mundial en transición*. Madrid. Dykinson. 157).

Benedicto Solsona, M. A. (2024). «La autonomía estratégica abierta como respuesta de la UE al nuevo modelo de globalización». En Benedicto Solsona, M. A. (coord.) *Europa durante la guerra en Ucrania. Geopolítica y Autonomía estratégica abierta*. Editorial Colex.

Benedicto Solsona, M. A. (2024). «Great State Powers in the Technological Revolution Sector» en Hernández Martínez y Calvillo Cisneros (Edit.), *International Relations and Technological Revolution 4.0: World Order, Power and New International Society.* Springer.

Benedicto Solsona, M.A. (2024). «Europa necesita un Elon Musk». *The Objective* https://theobjective.com/elsubjetivo/opinion/2024-12-22/union-europea-musk-estados-unidos-china/

Bjola, C. (2015). «Introduction: Making sense of digital diplomacy». In C. Bjola & M. Holmes (Eds.), *Digital diplomacy: Theory and practice* (pp. 1-9). New York, NY: Routledge.

Bjola, C. (2018). «Diplomacia digital 2.0: tendencias y resistencias». *Revista Mexicana de Política Exterior*, núm. 113, mayo-agosto, pp. 35-52, ISSN 0185-6022.

Borrell, J.(24 April, 2020). *The post-Coronavirus world is here already.* European External Service. En https://eeas.europa.eu/headquarters/headquarters-homepage_en/78098/The%20post-Coronavirus%20world%20is%20here%20already.

Bradford, A. (27 June 2023). «The Race to Regulate Artificial Intelligence. Why Europe Has an Edge Over America and China». *Foreign Affairs.*

Bradford, A. (2012). *The Brussels Effect*. Northwestern University Law Review, Vol. 107, No. 1, 2012, Columbia Law and Economics Working Paper No. 533, Available at SSRN: https://ssrn.com/abstract=2770634

Braun, J. And Eklund, J. (2019). »Fake News, Real Money: Ad Tech Platforms, Profit-Driven Hoaxes, and the Business of Journalism» (2019). *Digital Journalism*. 1. https://doi.org/10.1080/21670811.2018.1556314

Brahms, Y. (2019). *Philosophy of Post-Truth, Institute for National Security Studies, Tel Aviv University.* https://www.inss.org.il/publication/philosophy-of-post-truth/

Burack. C. (2019). «Russia trying to meddle in EU elections». DW.com. Disponible en: https://www.dw.com/en/russia-trying-to-meddle-in-eu-elections-report/a-48318678

Calvillo Cisneros, J.M: (2024). «La UE y los refugiados de Ucrania: una revisión de la directiva de protección temporal 2001/55/CE» en Benedicto Solsona, M. A (2024) *Europa durante la Guerra de Ucrania.* Edit. Colex. Madrid.

Capella, D. (enero de 1993). «Euronews, una televisió sense presentadors» *Revista Capçalera*. Barcelona. Pág. 13-17.

Carbajo, Fernando (1997). *El proceso de construcción europea: del carbón y el acero a la UE. Cuatro décadas de integración*. Cefir. Centro de Formación para la Integración Regional.

Casero, A. (2001). «Televisión paneuropea y construcción de la identidad europea. El caso de Euronews Formats». *Revista de Comunicació Audiovisual.*

Chalaby, J.K(2003). «Transnational television in Europe: Affluence without influence», in Martyn Bond (ed.), *Europe, Parliament and the Media, London's Federal Trust for Education and Research*, pp. 13-30

Closa, Carlos.(1997). *Sistema político de la UE*. Editorial Complutense. SA. Madrid.

Cock Bunning, M. (2018). *A multi Dimensional approach to disinformation. Report of the independent High Level Group on fake news and online disinformation*. European Commision; Luxembourg, Publications office of the EU.

Code of Practice on Disinformation (2018), 26 september 2018. Consultado 10 octubre 2019 y disponible en: https://ec.europa.eu/digital-single-market/en/news/code-practice-disinformation

Colomina, C. (2019). *Amenazas reales y virtuales: la europa vulnerable a la desinformación*. CIDOB report. 3.

Comisión Europea (1985a). *Communication from the Commission to the Council on A people's Europe*. COM (85) 310, Brussels,

Comisión Europea (1985b). *La política de información y de comunicación. Orientaciones y objetivos*. Comunicación del comisario Ripa di Meana.

Comisión Europea (2000). «White Paper on European Governance: „Enhancing Democracy in the European Union"». Work programme. *Commission Staff Working Document*. SEC (2000) 1547/7 final. (Brussels: European Commission).

Comisión Europea (2001a). *European Governance-White Paper.* Commission of the European Communities 2001a. COM (2001) 428.

Comisión Europea (2005). «Declaración del Presidente del Parlamento Europeo Josep Borrell Fontelles, del Presidente del Consejo Europeo Jean-Claude Juncker y del Presidente de la Comisión Europea José Manuel Barroso, con motivo de los resultados del referéndum en los Países Bajos sobre el Tratado que establece una Constitución para Europa». Bruselas. Disponible en: https://ec.europa.eu/commission/presscorner/detail/es/ip_05_653

Comisión Europea (26 de enero de 2005). *Objetivos estratégicos 2005-2009. Europa 2010: una asociación para la Renovación europea. Prosperidad, Solidaridad y Seguridad. Comunicación del Presidente de acuerdo con la vicepresidenta Wallstrom*. Bruselas.

Comisión Europea (20 de julio de 2005). *Plan de Acción para mejorar la comunicación sobre Europa de la Comisión Europea*. http://europa.eu/legislation_summaries/institutional_affairs/decisionmaking_process/l10102_es. htm

Comisión Europea (13 de octubre de 2005). *The Commission contribution to the period of reflection and beyond: Plan D for Democracy, Dialogue and Debate*. COM (2005) 494 final. Bruselas. Disponible en: http://eur-lex.europa.eu/legal-content/EN/TXT/?uri=CELEX:52005DC0494

Comisión Europea (1 de febrero de 2006). *Libro Blanco sobre una Política europea de Comunicación. Bruselas*, COM (2006) 35 final http://europa.eu/documents/comm/white_papers/pdf/com2006_35_es.pdf

Comisión Europea (10 de mayo de 2006). *Una agenda de los ciudadanos. Logrando resultados para Europa.* Comunicación de la Comisión al Consejo Europeo. Bruselas. COM(2006) 211 final. http://eur-lex.europa.eu/legal-content/ES/TXT/?uri=CELEX:52006DC0211

Comisión Europea (3 octubre de 2007). *Comunicar sobre Europa en asociación*. Comunicación de la Comisión al Parlamento Europeo, al Consejo, al Comité Económico y Social Europeo y al Comité de las Regiones [COM (2007) 568 final-no publicada en el Diario Oficial].

Comisión Europea (2007). *A glance at EU public diplomacy at work. The EU's 50th anniversary celebrations around the world Luxembourg: Office for Official Publications of the European Communities*. European Commission. Brussels. 2007. https://europa.eu/50/around_world/images/2007_50th_anniv_broch_en.pdf

Comisión Europea (2014). *Un nuevo comienzo para Europa: mi Agenda en materia de empleo, crecimiento, equidad y cambio democrático*. Sesión plenaria del Parlamento Europeo. Estrasburgo, 15 de julio de 2014. https://ec.europa.eu/commission/presscorner/detail/es/SPEECH_14_546

Comisión Europea (2019a). *Comunicación conjunta al parlamento europeo, al Consejo Europeo, al Consejo, al Comité Económico y Social europeo y al Comité de las Regiones*. Informe sobre la aplicación del Plan de acción contra la desinformación 2019/12 final, 14 junio. Disponible en: https://eur-lex.europa.eu/legal-content/EN/ALL/?uri=comnat:JOIN_2019_0012_FIN

Comisión Europea (2019b). Comunicado de prensa. «Una Europa que protege: la UE informa sobre los progresos realizados en la lucha contra la desinformación ante el Consejo Europeo». 14 junio 2019. Bruselas. Disponible en: https://ec.europa.eu/commission/presscorner/detail/es/IP_19_2914

Comisión Europea (2019c) *European Commission and HR/VP contribution to the European Council*. EU - China - A strategic Outlook.

Comisión Europea (2020a) «La lucha contra la desinformación acerca de la COVID-19: contrastando los datos». Comunicación. JOIN/2020/8 final. Disponible en: https://eur-lex.europa.eu/legal-content/ES/TXT/?uri=CELEX:52020JC0008.

Comisión Europea (2020b) *Hacia una estrategia global con África* . Comunicación conjunta al Parlamento Europeo y al Consejo. JOIN/2020/4 final. Bruselas. 9 mar. 2020. Disponible en: https://ec.europa.eu/international-partnerships/system/files/communication-eu-africa-strategy-join-2020-4-final_en.pdf.

Comisión Europea (2020c) *Coronavirus: European Union launches «Team Europe» package to support partner countries with more tan €20 billion*. 8 abril. Disponible en: https://eeas.europa.eu/headquarters/headquarters-homepage/77326/coronavirus-european-union-launches-%E2%80%9Cteam-europe%E2%80%9D-package-support-partner-countries-more-%E2%82%AC20_en.

Comisión Europea (2020d). «Shaping Europe's digital future», 19 feb. Disponible en: https://ec.europa.eu/info/publications/communication-shaping-europes-digital-future_es

Comisión Europea (2021). «EU-China Comprehensive Agreementon Investment (CAI): list of sections». Disponible en: https://trade.ec.europa.eu/doclib/press/index.cfm?id=2237.

Comisión Europea (2022a). «Transformar la visión en acciones concretas». Comunicación de la Conferencia sobre el Futuro de Europa. COM/2022/404 final. https://commission.europa.eu/document/c268334e-1b8e-4803-9ed8-07e44b0f81c8_en?prefLang=es

Comision Europea (2022b). *Comunicación de la comisión al parlamento europeo, al consejo europeo, al consejo, al comité económico y social europeo y al comité europeo de las regiones*. REPowerEU Plan. Brussels: COM(2022)0230.

Comisión Europea (12 October 2023) *President von der Leyen and President Metsola travel to Israel*. https://bit.ly/47NfduA

Comisión Europea (26 abril de 2024). «Directrices para los proveedores de plataformas en línea de muy gran tamaño y plataformas en línea de muy gran tamaño sobre la mitigación de los riesgos sistémicos para los procesos electorales». Disponible en: https://digital-strategy.ec.europa.eu/es/library/guidelines-providers-vlops-and-vloses-mitigation-systemic-risks-electoral-processes

Comisión Europea (18 Julio de 2024). *Orientaciones políticas para la próxima Comisión Europea 2024-2029* Disponible en: https://commission.europa.eu/document/download/e6cd4328-673c-4e7a-8683-f63ffb2cf648_es?filename=Political%20Guidelines%202024-2029_ES.pdf

Comisión Europea. (2024). «Informe Draghi». *The future of European competitiveness*. Disponible en: https://commission.europa.eu/topics/strengthening-european-competitiveness/eu-competitiveness-looking-ahead_en?prefLang=es#paragraph_47059

Comité de las Regiones (2005) *Wallstrom tells regional TV editors that EU must go local to bridge knowledge gap about Europe*. COR/5/109 Bruselas. Disponible en: https://ec.europa.eu/commission/presscorner/detail/en/cor_05_109

Consejo de las Comunidades Europeas (1989) Council Directive 89/552/EEC of 3 October 1989 on the coordination of certain provisions laid down by Law, Regulation or Administrative Action in Member States concerning the pursuit of television broadcasting activities. http://eur-lex.europa.eu/legal-content/EN/TXT/PDF/?uri=CELEX:31989L0552&rid=3

Consejo de Europa (2004). «La television transfrontière dans l'Union Européenne: impact sur les marchés et aspects juridiques», *Observatorio Europeo del Sector audiovisual*, Consejo de Europa, marzo de 2004.

Consejo de la Unión Europea (2021). *Declaración conjunta sobre la conferencia sobre el futuro de europa* (10 de marzo de 2021) Disponible en: https://www.consilium.europa.eu/es/policies/conference-on-the-future-of-europe/

Consejo de la Unión Europea (2016). *Conclusiones del Consejo relativas a la Estrategia Global sobre Política Exterior y de Seguridad de la Unión Europea*. Consejo de la Unión Europea. Luxemburgo. Disponible en: https://data.consilium.europa.eu/doc/document/ST-13202-2016-INIT/es/pdf

Consejo De La Unión Europea (2022). *Decisión de Ejecución (UE) 2022/382 por la que se constata la existencia de una afluencia masiva de personas desplazadas procedentes de Ucrania en el sentido del artículo 5 de la Directiva 2001/55/CE y con el efecto de que se inicie la protección temporal*. Disponible en: https://www.boe.es/buscar/doc.php?id=DOUE-L-2022-80366

Consejo De La Unión Europea (2022) *Conclusiones del Consejo sobre la manipulación de información y la injerencia por parte de agentes extranjeros*. Consejo de la Unión Europea. Bruselas. Disponible en: https://data.consilium.europa.eu/doc/document/ST-11429-2022-INIT/es/pdf

Consejo De La Unión Europea (2022). *Una Brújula Estratégica para la Seguridad y la Defensa: Por una Unión Europea que proteja a sus ciudadanos, defienda sus valores e intereses y contribuya a la paz y la seguridad internacionales*. Consejo de la Unión Europea. Bruselas. Disponible en: https://data.consilium.europa.eu/doc/document/ST-7371-2022-INIT/es/pdf

Consejo Europeo (2001). *Conclusiones de la presidencia de la UE*. Declaración de Laeken sobre el futuro de la UE. Consejo Europeo Laeken. Disponible en: https://www.europarl.europa.eu/summits/pdf/lae2_es.pdf

Consejo Europeo (2005). *Conclusiones de la presidencia*. Consejo de la Unión Europea. Bruselas. Disponible en: http://www.consilium.europa.eu/uedocs/cms_data/docs/pressdata/es/ec/85347.pdf

Consejo Europeo (2020). C*onclusions of the President of the European Council following the video conference of the members of the European Council.* European Council. Disponible en: https://www.consilium.europa.eu/en/press/press-releases/2020/04/23/conclusions-by-president-charles-michel-following-the-video-conference-with-members-of-the-european-council-on-23-april-2020/

Consejo Europeo (2020). «Reunión extraordinaria del Consejo Europeo». Conclusiones. Consejo Europeo. Bruselas. Disponible en: https://data.consilium.europa.eu/doc/document/ST-13-2020-INIT/es/pdf

Consejo Europeo (2020). *Declaración de Zagreb, 6 mayo 2020*. Disponible en: https://www.consilium.europa.eu/media/43777/zagreb-declaration-es-06052020.pdf.

Consejo Europeo (2022). «European Council meeting (23 and 24 June 2022). Conclusions». Europeas Council. Brussels. Disponible en: https://www.consilium.europa.eu/media/57442/2022-06-2324-euco-conclusions-en.pdf

Consejo Europeo (2023). Declaración de los miembros del Consejo Europeo sobre la situación en Oriente Próximo. 15 de octubre. https://bit.ly/3uqtclk

Cross, M.K.D. (2013). Conceptualizing European Public Diplomacy. In: Cross, M.K.D., Melissen, J. (eds) *European Public Diplomacy.* Palgrave Macmillan Series in Global Public Diplomacy. Palgrave Macmillan, New York. https://doi.org/10.1057/9781137315144_

Cotino Hueso, L. (2022) «Quién, cómo y qué regular (o no regular) frente a la desinformación,» *Teoría y Realidad Constitucional*, (49), pp. 199-238.

Czubala Ostapiuk, M. R., & Benedicto Solsona, M.A (2021). «Next generation European Union and the digital transformation: an opportunity for Spain». *Journal of Liberty and International Affairs*, 7, 118-135. https://doi.org/10.47305/JLIA2137118o

Dacheux, E. (2004). *L' impossible defi. La politique de communication de l'Union européenne.* CNRS Editions. Paris.

Dahrendorf, R. (2004). «La Constitución de Europa».10-Julio. *La Vanguardia*.

De Clercq, W. (1993). «Reflexiones sobre la política de información y comunicación de la Comunidad Europea». *Comisión Europea*. Bruselas.

De Kerchove, D'exaerde, G. (1990) «A human face for Europe». European Documentation 4 n.º 90

Đikanović, D. (2024) «The dynamic landscape of EU economic diplomacy». *Meer*. Disponible en: https://www.meer.com/en/80121-the-dynamic-landscape-of-eu-economic-diplomacy

Dorado Díaz, S. (2020). *El conflicto ucraniano. Orígenes y causas de la* última *guerra en Europa*. Gladius et Scientia. Revista de Seguridad del CESEG, (2). 2020. ISSN-e: 2695-6993. https://doi.org/10.15304/ges.2.4432

DOUE. (2016). Reglamento (UE) 2016/679 del Parlamento Europeo y del Consejo, de 27 de abril de 2016, relativo a la protección de las personas físicas en lo que respecta al tratamiento de datos personales y a la libre circulación de estos datos y por el que se deroga la Directiva 95/46/CE. https://www.boe.es/doue/2016/119/L00001-00088.pdf

DOUE (2022). Reglamento (UE) 2022/2065 del Parlamento Europeo y del Consejo, de 19 de octubre de 2022, relativo a un mercado único de servicios digitales y por el que se modifica la Directiva 2000/31/CE. (Reglamento de servicios digitales) https://eur- lex.europa.eu/legal-content/ES/TXT/PDF/?uri=CELEX:32022R2065

DOUE (2024). Reglamento (UE) 2024/900 del Parlamento Europeo y del Consejo, de 13 de marzo de 2024, sobre transparencia y segmentación en la publicidad política. https://eur- lex.europa.eu/legal-content/ES/TXT/?uri=CELEX:32024R0900

Duke, S. (2013). *The European External Action Service and Public Diplomacy*. Cligendael. The Hage. Disponible en: https://www.clingendael.org/sites/default/files/2016-02/The%20European%20External%20Action%20Service%20and%20Public%20Diplomacy_0.pdf

Durao Barroso, J. M (2004). *Building a partnership for Europe: prosperity, solidarity, security*. European Parliament Plenary Session Estrasburgo.

Duverger, M. (1992). «La Europa del 21 de septiembre». El País.

EEAS (2016).*Shared Vision, Common Action: A Stronger Europe. A Global Strategy for the European Union's Foreign and Security Policy.* EEAS. Europa.eu. Disponible en: https://www.eeas.europa.eu/sites/default/files/eugs_review_web_0.pdf

European Commission (2006). *Eurobarómetro sobre los ciudadanos europeos y el futuro de Europa*. Qualitative study among citizens in the 25 member states overall report. Disponible en: http://www.proyectos.cchs.csic.es/euroconstitution/library/working%20papers/eurobarometer,%20on%20the%20future%20of%20europe_2006.pdf

European Commission (2013). *Eurobarómetro standard n.79*.

European Council (2015). *Conclusions, 19-20 March*. Disponible en: https://www.consilium.europa.eu/media/21888/european-council-conclusions-19-20-march-2015-en.pdf

European Commision (2014). Communicating Europe to its citizens. *State of affairs and prospects*. Directorate General for internal policies.

European Commission (2018). *A multi-dimensional approach to disinformation*. Report of the independent High level Group on fake news and online disinformation. Luxembourg, Publications office of the EU, March 2018.

European Commission (2018) *Communication on Tackling Online Disinformation*. Bruselas. Disponible en: https://eur-lex.europa.eu/legal-content/EN/TXT/?uri=CELEX:52018DC0236

European Commission (2018). *Action plan against disinformation*. Brussels, 5.12.2018 JOIN(2018) 36 final. Disponible en: https://eeas.europa.eu/sites/eeas/files/action_plan_against_disinformation.pdf

European Commission (2018). «Synopsis report of the public consultation on fake news and online disinformation». Disponible en: file:///C:/Users/Usuario/Downloads/Synopsis_Public_Consultation_Fakenewspdf%20(1).pdf

European Commission (2020). «Critical Raw Materials Resilience: Charting a Path towards greater Security and Sustainability». COM (2020) 474.

European Commission (2020) *European Democracy Action Plan: making EU democracies stronger*. Disponible en: https://ec.europa.eu/commission/presscorner/api/files/document/print/en/ip_20_2250/IP_20_2250_EN.pdf

European External Action Service (2019). *European Unión Global Strategy. Three Years on, looking forward*. Disponible en: https://eeas.europa.eu/sites/eeas/files/eu_global_strategy_2019.pdf. Consultado en: 23 en. 2021.

European External Action Service (2020). *Accession talks with Albania and North Macedonia and the EU's commitment to the Western Balkans*, 2020. Disponible en: https://eeas.europa.eu/regions/western-balkans/76696/accession-talks-albania-and-north-macedonia-and-eu%E2%80%99s-commitment-western-balkans_en. Consultado en: 23 en. 2021.

European Parliament (2019). *Hearing with High Representative/Vice President-designate Josep Borrell*. Disponible en: https://www.europarl.europa.eu/news/en/press-room/20190926IPR62260/hearing-with-high-representative-vice-president-designate-josep-borrell

European Parliament. (2019). *Opening Statement in the European Parliament Plenary Session. Ursula von der Leyen, Candidate for President of the European Commission*. Strasbourg, 16 jul. Disponible en: https://europa.eu/rapid/press-release_SPEECH-19-4230_en.htm.

European Parliament (2019). *Hostile propaganda: the EU must develop a firm response*.

European Parliament & the Council of the European Union (2023). «Regulation (EU) 2023/1781 of the European Parliament and of the Council of 13 September establishing a framework of measures for strengthening». Official Journal of the European Union

European Parliament & the Council (2016). *Joint Framework on countering hybrid threats a European Union response*. Brussels, JOIN (2016) 18 final. Disponible en: https://eur-lex.europa.eu/legal-content/EN/TXT/PDF/?uri=CELEX:52016JC0018&from=en

European Parliament (2019). *Hearing with High Representative/Vice President-designate Josep Borrell*. 7 Octubre 2019 Disponible en: https://www.europarl.europa.eu/news/en/press-room/20190926IPR62260/hearing-with-high-representative-vice-president-designate-josep-borrell

European Parliament (2019). «Opening Statement in the European Parliament Plenary Session. Ursula von der Leyen, Candidate for President of the European Commission. Strasbourg». Disponible en: https://europa.eu/rapid/press-release_SPEECH-19-4230_en.htm.

European Parliament (2024). *Online information manipulation and information integrity*. Disponible en: https://www.europarl.europa.eu/RegData/etudes/BRIE/2024/762416/EPRS_BRI(2024)762416_EN.pdf

European Chips Act (2023). *Regulation (EU) 2023/1781 of the European Parliament and of the Council of 13September establishing a framework of measures for strengthening Europe's semiconductor ecosystem and amending Regulation*. (EU) 2021/694 (Chips Act) (Text with EEA relevance) PE/28/2023/INIT http://data.europa.eu/eli/reg/2023/1781/oj

Feás, E (2020). *Las lecciones para Europa del coronavirus*. Real Instituto Elcano.

Feás, E. (2023). *La guerra tecnológica EEUU-China y sus efectos sobre Europa.* ARI 6/2023. Real Instituto Elcano.

Fernández Rodríguez, J. J. (2024) ¿La *manipulación informativa destruirá la democracia?* A Coruña. Editorial Colex.

Ferrara, E, (2017). *Disinformation and Social Bot Operation in the Run Up to the 2017 French Presidential Election*. First Monday, vol. 22, núm. 8.

Flash EB (2004). Encuesta post-elecciones europeas

Flash EB 168 (2005). Posterior al Referéndum en España. http://ec.europa.eu/public_opinion/flash/fl_168_cs.pdf

Flash Eurobarometer 464 (2018) Fake news and disinformation on line. April 2018.

Fotyga, A. (2019). *Las armas que usan contra nosotros están en continua evolución*. 13 marzo 2019. Consultado el 20 de Noviembre de 2019 y disponible en: https://www.europarl.europa.eu/news/es/headlines/eu-affairs/20190130STO24604/anna-fotyga-las-armas-que-usan-contra-nosotros-estan-en-continua-evolucion

Fundación Maldita (2024). *Platform Response to Disinformation during the EU Election2024*. Fundación Maldita. Disponible en: https://files.maldita.es/maldita/2024/06/platform_response_to_disinformation_during_the_eu_election.pdf

García Mahamut, R. (2023) «Elecciones, protección de datos y transparencia en la publicidad política: la apuesta normativa de la UE y sus efectos en el ordenamiento español,» Revista Española de la Transparencia, (17 Extra), pp. 75-105.

Gelhaus, L.; & Dinkel, S. (2021). *Geopolitics in Europe's Neighborhood German Council on Foreign Relations*. DGAP Memo No. 11, 4 p

Giard, V. (1970). «La Politique d'information des Communautes Europeennes». Mémpoire. Faculté de Droit et de Sciences Economiques, Universitè de Paris, en Sánchez Martínez, M. (1999). *Bases de la política de información y comunicación de la Comunidad Europea*. CIS. Madrid. pag 169.

González del Miño, P., & **Hernández Martínez, D**. (2022). «Flujos migratorios en el Mediterráneo: la política migratoria de la Unión Europea». En J. Domínguez León & C. González Escalada Álvarez (eds.), *Migraciones: nuevos retos geopolíticos, económicos y sociales* (pp. 215-244). Campus Internacional para la Seguridad y la Defensa (CISDE).

Graham-Harrison, E. (2019). *Far-right Facebook groups ,spreading hate to millions in Europe*. The Guardian, 22 May 2019.

Grabbe, H. y **Lehne, S.** (2013). *The 2014 European elections. Why a partisan Commission president would be bad for the EU*. Centre for European Reform.

Harari, Y.N. (2018). *21 lecciones para el S.XXI*. Debate. Madrid.

Hernández, H. (2019). «Análisis de la desinformación en Europa (II)». Noviembre, *Revista Atalayar*. Disponible en: https://atalayar.com/content/an%C3%A1lisis-de-la-desinformaci%C3%B3n-en-europa-ii

Hernández, H. (2019). «Análisis de la desinformación en Europa (III)». Noviembre, *Revista Atalayar*. Disponible en: https://atalayar.com/content/an%C3%A1lisis-de-la-desinformaci%C3%B3n-en-europa-iii

Hernández Martínez, D. (2024). «La autonomía estratégica de la UE en el Mediterráneo», en Benedicto Solsona M. A.(2024) *Europa durante la guerra de Ucrania: geopolítica y autonomía estratégica abierta.* Editorial Colex. págs. 211-229

Hernández Martínez, D.; **Calvillo Cisneros, J. M.** (2024). *International Relations and Technological Revolution 4.0*. Springer. 2024.

Hernández Ruíz, M. (2015). *El reto de comunicar en la nueva Comisión Europea*. Upgrading Europe. http://www.upgradingeurope.eu/index.php/user-academic/108-el-reto-de-comunicar-en-la-nueva-comision-europea-por-marta-hernandez

Hernández Ruíz, M. (junio). *Prioridades y medios de la estrategia de comunicación de la Unión Europea: aciertos y desafíos*. Cuadernos Europeos de Deusto, 141-174

Hernández Ruíz, M. (2024). «La estrategia de la Unión Europea contra la desinformación: Propuestas para un enfoque holístico de los fenómenos de misinformation y disinformation»; en Perez Curiel, C. , Navarro, J.A; Dominguez García, R. (2024) Comunicación política e institucional en tiempos de conflicto. Desafíos de la Unión Europea y nuevas narrativas ante la desinformación / coord. por Concha Pérez Curiel, José Antonio Navarro Moreno, Ricardo Domínguez García, ISBN 978-84-1170-761-9, págs. 270-288.

House of Commons, Digital, Culture, Media and Sport Committee (2019). *Disinformation and «fake news»: Final Report.* Eighth Report of Session 2017-19 Report, together with formal minutes relating to the report. Ordered by the House of Commons to be printed 14 February 2019

Inclán Gil, E. (2019). *La Comisión Juncker y el nuevo proceso de candidaturas*. Papeles FAES N .º216 21. Disponible en: https://fundacionfaes.org/wp-content/uploads/2021/10/20190121125550.pdf

Ipsos (2022). *Ipsos Affluent & General Population Survey* https://www.ipsos.com/sites/default/files/ct/publication/documents/2022-04/IAS%20Sell-Sheet_2022.pdf

Jofré, V. (2018). «Francia lucha contra las *fake news*. La Tercera». Consultado el 10 de octubre de 2018, obtenido en: http://www.latercera.com/mundo/noticia/francia-lucha-las-fake-news/71516/

Keukeleire, S. ; Delreux, T. (2022) *The Foreign Policy of the European Union.* London. Bloomsbury Academic.

Kragh, M.; Åsberg, S. (2017). «Russia's strategy for influence through public diplomacy and active measures: the Swedish case». Pages 773-816 5 January. Disponible en: https://doi.org/10.1080/01402390.2016.1273830

Kurpas, S.; Meyer, C.; Gialoglou, K. (2004). *After the European elections, Before the constitution referenda. Can the EU communicate better?*Centre for European Policy Reform.

La Porte, T. (2011). *El Poder de la Unión Europea en el Gobierno Global: Propuesta para una Nueva Diplomacia Pública*. Los Ángeles. Figueroa Press.

Lazar, M. (2020). «Italy, Coronavirus and the European Union. Institut Montaigne». *Institut Montaigne*. Disponible en: https://www.institutmontaigne.org/en/blog/italy-coronavirus-and-european-union.

Liboreiro, J. (2023). «El comisario Várhelyi suspende en solitario los fondos de la UE para los palestinos y da marcha atrás». Euronews.10 October http://bit.ly/46vftNW

Lynnes, M. (2024). «Crisis causes EU power balance to tilt towards the Commission, but can they cling on? The Parliament». *The Parliament*. Disponible en: https://www.theparliamentmagazine.eu/news/article/crisis-causes-europes-power-balance-to-tilt-towards-the-commission

Machill, M. (1997). «La multidimensionalidad de un laboratorio europeo periodístico: Euronews». Anàlisi, 20. Bellaterra. Universitat Autònoma de Barcelona. Pág.37-59.

Manners, I. (2002). «Normative Power Europe: A contradiction in Terms? Journal of Common Market Studies»,40 (2), pp.235-258.

Martens, B.; Aguiar, L.; Gómez-Herrera, E.; and **Mueller-Langer, L.** (2018). *The digital transformation of news media and the rise of disinformation and fake news. An economic perspective. JRC Digital Economy Working Paper* 2018-02. Seville, Spain: European Commission.

Martín de la Torre, V. (2015). *Europa, un salto a lo desconocido*. Ediciones Encuentro. Madrid.

Mccauley, K.N. (2016*). Russian influence campaigns against the West*.

Mcnair, B. (2018). *Fake news, falsehood, fabrication, and fantasy in journalism*. London. Routledge. ISBN: 978 1138306790

Mellisen, J. (2005). *The New Public Diplomacy*. London, Palgrave.

Meyer, C. (1995). *Political legitimacy and the invisibility of politics: exploring the EU's communication deficit. Journal of commom market studies*, 37 (4) 617-639.

Moltó, A.; Tamames, J. (2014). *Politico.eu,* ¿por *fin periodismo paneuropeo?* Política Exterior.

Mora Benavente, E. (2011). *El despotismo ilustrado y la Unión Europea*. El Mundo

Moreno Cantano, A.C. (2024). *Geopolítica Internacional, tecnonacionalismo y digital games*. Valencia. Tirant Humanidades.

Naciones Unidas (2023). *Israel-Palestina: La Asamblea General aprueba una resolución sobre Gaza que pide una tregua humanitaria inmediata.*

Nesti, G. (2010) *The information and communication policy of the EU between institutionalisation and legitimation.* Cambridge Scholar Publishing. Newcastle.

Nielsen, R. and **Graves, L.** (2017). *News you don't believe: Audience perspectives on fake news*. Factsheet. Reuters Institute.

Nye, J. (2004). *Soft Power: The Means to Success in World Politics.* New York: Public Affairs.

Nye, J. (2008). *Public Diplomacy and Soft Power, The Annals of the American Academy of Political and Social Science*, Vol.616, No.1. p.94-109.

Oostlander, A. (1993). *Report of the Committee on Culture, Youth, Education and the Media on the information policy of the European Com unity.* Session Documents, A3-0238/93, 14 July 1993. [EU European Parliament Document] http://aei.pitt.edu/13426/1/13426.pdf

ORTEGA, A. (2014). *La politización de la Comisión Europea*. El País.

PARLAMENTO EUROPEO (1986). *Informe sobre política de información de la Comunidad Europea*. Ponente: M. BAGET BOZZO

PARLAMENTO EUROPEO (2005). *Need to stimulate a wider debate with the public*. Speech/Margot Wallstrom. 05/574 Brussel

PARLAMENTO EUROPEO (2016). Resolución del Parlamento Europeo, de 23 de noviembre, «sobre la comunicación estratégica de la Unión para contrarrestar la propaganda de terceros en su contra». [2016/2030(INI)] Disponible en: https://www.europarl.europa.eu/doceo/document/TA-8-2016-0441_ES.pdf?redirect

PARLAMENTO EUROPEO (2022). Resolución sobre la petición de una Convención para la revisión de los Tratados. https://www.europarl.europa.eu/doceo/document/TA-9-2022-0244_EN.html

PARLAMENTO y **CONSEJO EUROPEO** (2024). *Reglamento (UE) 2024/1689 de 13 de junio, por el que se establecen normas armonizadas en materia de inteligencia artificial.* Disponible en: http://data.europa.eu/eli/reg/2024/1689/oj

PADILLA MOLINA, A. (2018). «Anàlisi de les desinformacions del referèndum del 1 d'octubre detectades per Maldito Bulo», Quaderns del CAC, vol. 21, n. .º 44, pp. 17-26.

PEDROL, X. y **PISARELLO, G**. (2004). *La Constitución Furtiva. Por una construcción social y democrática de Europa.* Icaria. Más Madera. Barcelona. Pag 24-26

PINHEIRO, J. (1993). *Política de información y Comunicación. Un nuevo enfoque*. Comisión Europea. Bruselas.

PODKALICKA, A. and **SHORE, C**. (2010). «Communicating Europe? EU communication policy and cultural politics». In VALENTINI and NESTI (editors): *Public Communication in the European Union: History, Perspectives and Challenges* (pp.93-112) Cambridge Scholars.

PRODI, R. (2004). Mensaje del Presidente sobre el acuerdo relativo al Tratado constitucional. 21 junio. Comisión Europea.

QUATTROCIOCCHI, W. SCALA, A. SUNSTEIN, C. (2016). *Echo chambers on Facebook. Social Science Research Network*. Disponible en: https://ssrn.com/abstract=2795110.

RABIER, JACQUES-RENÉ (1993). «La naissance d'une politique d'information sur la Comunauté européenne», en F. DASSETO y M. DUMOULIN (comp) *Naissance et developpement de l'information Européenne.* Peter Lang. Berne.

Reuters Institute (2017). *Digital News Report*, published by the Reuters Institute and Oxford University Press.

Richeri, G. (1994). *La transición de la televisión.* Barcelona. Bosch Casa Editorial.

Richeri, G. (1996) «Televisión paneuropea y construcción del espacio europeo de comunicación». Telos, 45. Madrid: Pág. 68-75.

Rodríguez-Ferrándiz, R. (2019). *Posverdad y fake news en comunicación política: breve genealogía*. El profesional de la información, v. 28, n.º 3, e280314. https://doi.org/10.3145/epi.2019.may.14

Roig, C. (2018). *Las guerras de la era de la desinformación*. La Vanguardia.

Roiz, Miguel (1994). *Técnicas modernas de persuasión*. Eudema. Madrid.

Richeri, G. (1994). *La transición de la televisión*. Barcelona: Bosch Casa Editorial.

RTVE.es/Agencias. (2018). «La UE hará frente a las «campañas de desinformación» y las noticias falsas de Rusia». *RTVE.es*. Consultado el 10 de noviembre de 2019, obtenido en: http://www.rtve.es/noticias/20180117/ue-hara-frente-campanas-desinformacion-fake-news-rusia/1662380.shtml

Schlesinger,P. (2003). «The Babel of Europe? An essay on networks and communicative spaces» *ARENA Working papers*, Vol. 22. http://www.arena.uio.no/news/publications/publ_wp. htm, pag. 4.

Sánchez Martínez, M. (1999). *Bases de la política de información y comunicación de la Comunidad Europea*. CIS. Madrid. Pag 183

Schmidt, A., Zollo, F., del Vicario, M., Bessi, A., Scala, A., Caldarelli, G., Stanley, H.E., Quattrociocchi, W. (2017): *Anatomy of news consumption on Facebook*. PNAS, https://www.pnas.org/content/114/12/3035#ref-9

Schlesinger, P. (1996) «El contradictorio espacio comunicativo de Europa». *Voces y Culturas*, 9. Barcelona: . Pág. 7-27.

Schout, Wiersma y **Nunes** (2019). *Ambitions and Results: Lessons from the Juncker Commission. Exploring possible lessons from her predecessor's performance*. Cligendael.

Schudson, M. and **Zelizer, B.** (2017). *Fake News in Context. Understanding and Addressing the Disinformation Ecosystem*. December 15-16, 2017 Annenberg School for Communication.

Scott, M. (2017). «Far-right German voters more likely to believe fake news, study says». *Politico*, 21 December 2017.

Standage, T. (2017). «The true history of fake news». *The Economist,* June/ July, 2017. Disponible en: https://www.1843magazine.com/technology/rewind/the-true-history-of-fake-news

SEAE (2014). *Información y comunicación. Manual para las delegaciones de la UE en los países terceros y en las organizaciones Internacionales*. División de Comunicación Estratégica del SEAE. Unidad de Comunicación y Transparencia de EuropeAid. Bruselas.

SEAE (2016). *Una visión común, una actuación conjunta: una Europa más fuerte*. Estrategia global para la política exterior y de seguridad de la Unión Europea. Disponible en: https://www.eeas.europa.eu/eeas/global-strategy-european-unions-foreign-and-security-policy_en

SEAE (10 octubre 2022). *EU Ambassadors Annual Conference: Opening speech by High Representative Josep Borrell*. Brussels. Disponible en: https://www.eeas.europa.eu/eeas/eu-ambassadors-annual-conference-2022-opening-speech-high-representative-josep-borrell_en

SEAE (18 octubre 2023). «Israel/Gaza: Speech by High Representative/Vice-President Josep Borrell in the EP Plenary on the situation». https://bit.ly/3N2tlbz

SEUE (2006). *El futuro de la Unión Europea: Informe del Gobierno al Congreso de los Diputados (DT)*. Secretaría de Estado para la Unión Europea, Ministerio de Asuntos Exteriores y de Cooperación

Skrzypek, A. (2010). *Models of (s)electing a pan-European leading candidate*, FEPS, Brussels.

Skrzypek, A. (2013a). «Unleashing Competitive Spirit. The Role of Europarties in Politicizing Europe: a Democratic Legitimacy and Political Leadership in the European Union». *Italianieuropei*.

Szmolka, I. (1999). *Opiniones y actitudes de los españoles ante el proceso de integración europea*. CIS. Madrid.

Standard Eurobarometer 63 (2005). http://europa.eu/rapid/press-release_IP-05-963_en.htm

State of the Union (2018) «European Commission proposes measures for securing free and fair European elections», 12 septiembre. Consultado el 9 de Noviembre de 2019, obtenido en: https://ec.europa.eu/commission/presscorner/detail/en/IP_18_5681

Sullivan, M. (2017). «It's Time to Retire the Tainted Term "Fake News"». *Washington Post*. Disponible en: https://www.washingtonpost.com/lifestyle/style/its-time-to-retire-the-tainted-term-fake-news/2017/01/06/a5a7516c-d375-11e6-945a-76f69a399dd5_story.html

Tapp, C. (2024). «The New VDL Commission: A Lesson on Political Theater and Power Play». *Objectivo.eu*.

Taylor, M. (2019). *Combating disinformation and foreign interference in democracies: Lessons from Europe*, July 31, 2019 Brookings Institution.

The Economist (2017). «Do social media threaten democracy?» 4 November 2017. *The Economist.*

The Economist (28 noviembre, 2024). «Ursula von der Leyen has a new doctrine for handling the hard right». *The Economist*.

Tesich, S. (1992). «A Government of Lies» *The Nation*, January 6.

Torreblanca, J:I (2005). *Los tres disensos de la Constitución Europea*. Real Instituto Elcano.

The White House (9 October 2023). «Joint Statement on Israel». *The White House*. Disponible en: https://il.usembassy.gov/joint-statement-on-israel/

Trenz, H. (2004). *Media coverage on European governance:exploring the European public Sphere in national quality newspapers*. European Jorunal of communication 19 n .º 3 291-319.

Utard, J.M. (2004). «Des médias européens? L'exemple d'ARTE». *Médiamorphoses,* Vol 3, No 12, 2004, pp.87-91.

Van Ham, P. (2005). «Power, Public Diplomacy, and the Pax Americana», en Melissen J. (ed.) *The New Public Diplomacy: Soft Power in International Relations*, New York, Palgrave Macmillan.

Valenza, D. (2021). *The Trap of Geopolitics: Rethinking EU Strategic Communication*. College of Europe.

Van de Steeg, M. y **Risse T**. (2003). *An emerging European Public sphere? Empirical evidences and theoretical clarifications*. Science Center. Berlin, Germany. 20-22 June.

Vidal Folch, X. (2014) «La opinión de los europeos rescató a Europa»; en López Garrido, D. (director) *El estado de la Unión Europea. La ciudadanía europea en tiempo de crisis*. Edita: Fundación Alternativas y Friedrich-Ebert-stiftung. Madrid

Vinogradov, A, Realil, K. (2017). «"Cómo Rusia está jugando con Cataluña para obtener el indulto por Crimea". Crimea en la prensa extranjera». *Stopfake.org*. Disponible en: https://www.stopfake.org/es/como-rusia-esta-jugando-con-cataluna-para-obtener-el-indulto-por-crimea-crimea-en-la-prensa-extranjera/

Vitorino I Com (2001). *Comunicación de la Comisión al Consejo, al Parlamento Europeo, al Comité Económico y Social y al Comité de las Regiones relativa a un nuevo marco para la cooperación en actividades referentes a la política de información y comunicación de la Unión Europea*. DOUE. Bruselas. 27 junio.

Vitorino II Com (2002) 350 final. *Una estrategia de información y comunicación para la UE*. DOUE. Bruselas, 2 julio.

Vitorino III Com (2004) 196 final. *Aplicación de la estrategia de información y comunicación de la UE*. DOUE. Bruselas, 20 abril.

Wallstrom, M. (30 septiembre 2004). *Audiencia de Margot Wallström ante el PE*.

Wallstrom, M. (2 octubre 2008). *Public Diplomacy and its role in the EU's external relations*. Mortara Center for International Studies, Georgetown University Washington DC. https://bit.ly/47xp2gq

Walker, C., & Ludwig, J., (2017). *The Meaning of Sharp Power. Foreign Affairs*. Disponible en: https://www.foreignaffairs.com/articles/china/2017-11-16/meaning-sharp-power

Walker, C., & Ludwig, J., (2017) *From «Soft Power» to «Sharp Power»: Rising Authoritarian Influence in the Democratic World. In: National Endowment for Democracy, Sharp Power: Rising Authoritarian Influence*. New York.

Wardle, C. (2017). *Fake News. It's Complicated. First Draft News*. Disponible en: https://firstdraftnews.com:443/fakenews-complicated/

Wardle, C. & Derekshan, H. (2017). *Information Disorder: Toward an interdisciplinary framework for research and policy making*. Council of Europe report, DGI.

Youngs, R. (2022). *EU Democracy After the Conference on the Future of Europe*. Carnegie Endowment for International Peace.

Zabala Roldán, P. (2022). *La diplomacia digital de la Unión Europea: pandemia y lucha contra la desinformación.* Edit. Reus.

Made in United States
Orlando, FL
04 November 2026

90206067R00096